Einmachen

Marmelade und Kompott • Gelee und Sirup
eingelegtes Obst und Gemüse

EDITION XXL

Inhalt

*Auf dem Vorsatz finden Sie eine Kopiervorlage für
Etiketten und auf dem Nachsatz eine Saisontabelle.*

Vorwort

In der heutigen Zeit sind wir zwar längst nicht mehr darauf angewiesen, die Vorräte für den Winter mit selbst Eingemachtem und Eingelegtem zu sichern. Dennoch gewinnt diese alte Küchentradition immer mehr an Bedeutung. Vielleicht weil damit auch eine große Portion Fürsorge und Liebe für die Familie, für die Freunde oder für die geladenen Gäste verbunden ist, was das Supermarktsortiment eben nicht bietet.

Außerdem lässt sich Obst und Gemüse durch raffinierte Einlegemethoden oder Zutaten veredeln. So entstehen Leckereien zum Nachtisch, für den Frühstückstisch oder als Vorspeise bzw. Beilage zu einem feierlichen Essen.

Das vorliegende Buch bietet eine Fülle an abwechslungsreichen Rezepten für die Zubereitung von Marmeladen, Gelees, Kompotten, Sirups, eingelegtem Gemüse sowie herzhaften Brotaufstrichen, mit denen Sie sich einen echten Genießervorrat anlegen können. Alles was Sie wissen sollten, damit Ihnen das auch gut gelingt, finden Sie im Ratgeberteil. Sollte alles schon viel früher als erwartet aufgegessen sein, dürfen Sie sich allerdings nicht wundern!

Viel Freude und gutes Gelingen wünscht Ihnen

Elisabeth Bangert

Ratgeber

Methoden und Zubehör

Vor der Verarbeitung von frischem Obst und Gemüse zu einem köstlichen Vorrat ist es ratsam, die verschiedenen Einkochmethoden und die benötigten Utensilien kennenzulernen. Die Tipps und Hinweise dieses Ratgebers sind die Grundlage für ein gutes Gelingen!

Zum längeren Haltbarmachen von Mus, Kompott und ganzen Früchten ist der Backofen meist völlig ausreichend. Die im Handel erhältlichen Einkochautomaten erleichtern zwar erheblich die Arbeit, sie sind jedoch sehr kostspielig und nur dann wirklich lohnenswert, wenn sie viel genutzt werden. Das Einmachen von kleineren Mengen gelingt ebenso im Backofen oder in einem Schnellkochtopf.

Einkochen im Backofen

Die Gläser werden nach dem Befüllen fest verschlossen und auf ein tiefes Backblech gestellt, das 2 cm hoch mit Wasser gefüllt wird. Zwischen den einzelnen Gläsern sollte etwas Abstand gelassen werden. Nun wird der Backofen auf 175 °C aufgeheizt. Die Temperatur wird so lange beibehalten,

bis die Flüssigkeit in den Gläsern zu sieden beginnt und Luftbläschen aufsteigen. Verlieren Sie dabei nicht die Geduld, denn dieser Vorgang erfordert etwas Zeit (manchmal länger als 1 Stunde). Dann wird der Backofen ausgeschaltet und die Gläser verbleiben je nach Art der Früchte (ob hart oder weich) 20 bis 30 Minuten im geschlossenen Backofen. Danach werden sie herausgenommen und zum langsamen Abkühlen auf ein feuchtes Tuch gestellt. Zum Schutz vor Zugluft, die heiße Einmachgläser manchmal springen lassen kann, sollten sie mit einer Decke abgedeckt werden.

Im Umluftherd können mehrere Bleche mit Gläsern gleichzeitig eingekocht werden. Hierbei ist eine Temperatur von 160 °C ausreichend. Beim Einkochen im Umluftherd beginnt der Inhalt der Gläser schneller zu sieden.

Einkochzeiten und -temperaturen im Einkochtopf

Obst und Beeren		
Äpfel	30 Minuten	80 °C
Aprikosen	30 Minuten	80 °C
Birnen	30 Minuten	80 °C
Brombeeren	30 Minuten	75 °C
Erdbeeren	20 Minuten	75 °C
Heidelbeeren	30 Minuten	80 °C
Kirschen	30 Minuten	80 °C
Pfirsiche	30 Minuten	80 °C
Pflaumen	30 Minuten	75 °C
Zwetschgen	30 Minuten	75 °C

Gemüse		
Bohnen	90 Minuten	100 °C
Blumenkohl	90 Minuten	100 °C
Gurken	30 Minuten	80 °C
Karotten und Wurzelgemüse	90 Minuten	100 °C
Kürbis/Tomaten	30 Minuten	85 °C
Paprika	60 Minuten	100 °C
Rhabarber	30 Minuten	80 °C
Rotkohl/Rosenkohl	90 Minuten	100 °C
Rote Bete	30 Minuten	100 °C
Sellerie	80 Minuten	100 °C
Zucchini	30 Minuten	100 °C

Einkochen im Einkochtopf

Ein Einkochtopf verfügt über ein herausnehmbares Metallgitter und ein Thermometer, mit dem die Temperatur überprüft werden kann. Die Gläser werden nach dem Befüllen auf das Metallgitter gestellt. Dann wird der Topf mit Wasser befüllt, sodass die Gläser zu $^2/_3$ im Wasser stehen. Dabei sollte die Temperatur des Wassers der des Glasinhalts entsprechen. Haben Sie die Gläser mit einem kalten Inhalt gefüllt, so sollte auch das Wasser kalt sein. Ist der Inhalt der Gläser warm oder heiß, sollte auch das Einkochwasser zu Beginn warm oder heiß sein. Nun schließen Sie den Topfdeckel, stecken das Thermometer durch die dafür vorgesehene Öffnung und stellen den Topf auf den Herd. Ist die richtige Einkochtemperatur erreicht (siehe Tabelle), beginnt die eigentliche Einkochzeit. Temperatur und Einkochzeit sollten während des Einkochvorgangs kontrolliert werden. Ist die Einkochzeit beendet, werden die Gläser aus dem Topf genommen und bei Zimmertemperatur auf einem feuchten Tuch und mit einer Decke zugedeckt abgekühlt.

Ein Einkochautomat verfügt über ein Thermostat und eine Zeitschaltuhr, die die Temperatur über einen zuvor eingestellten Zeitraum konstant halten.

Einkochen im Schnellkochtopf

Die Gläser werden nach dem Befüllen fest verschlossen und auf den Boden des Schnellkochtopfes gestellt. Der Boden des Topfes wird ca. 2 cm hoch mit Wasser bedeckt. Nachdem der nötige Druck im Topf erreicht ist, beginnt die eigentliche Einkochzeit. Sie beträgt die Hälfte der Einkochzeit im Einkochtopf (siehe Tabelle) und im Backofen. Danach nimmt man den Topf von der Herdplatte und öffnet ihn erst 30 Minuten nach dem vollständigen Absinken des Dampfdrucks. Dann werden die Gläser herausgenommen und bei Zimmertemperatur auf einem feuchten Tuch und mit einer Decke zugedeckt abgekühlt.

Gläser, Flaschen, Gummiringe und Verschlüsse

Es gibt verschiedene Sorten von Einmachgläsern: **Rillen- oder Massivrandgläser**, die früher hauptsächlich verwendet wurden, sowie **Rundrandgläser**, die heutzutage am häufigsten benutzt werden. Sie müssen mithilfe von passenden Gummiringen und jeweils 1–2 Metallklammern (je nach Bauart und Fabrikat) verschlossen werden. Nach dem Befüllen der Gläser wird zunächst der passende Gummiring auf den Rand und dann der Deckel daraufgelegt. Nun werden die Klammern befestigt, die während des gesamten Einkoch- und Abkühlvorgangs den Deckel festdrücken müssen. Erst nachdem die Gläser völlig abgekühlt sind, können die Klammern entfernt werden. Die Gummiringe haben die Funktion eines Überdruckventils: Während des Einkochvorgangs dehnt sich die Luft im Einmachglas aus und wird am Gummiring vorbei nach außen gedrückt. Beim Abkühlen entsteht im Glasinneren ein Unterdruck, wodurch der Deckel auf den Glasrand gepresst wird. Dieser Vorgang gelingt jedoch nur, wenn Glasrand, Deckelrand und Gummiring vollständig sauber sind. Das Einmachgut ist nach gelungenem Einkochvorgang und bei kühler (4–12 °C) und dunkler Lagerung im trockenen Keller oder in der Speisekammer vor dem Zugriff durch Sauerstoff und Mikroorganismen, durch die der Inhalt verderben könnte, geschützt.

Die Haltbarkeit beträgt zwischen mehreren Monaten oder gar Jahren. Jedoch sollten die Gläser von Zeit zu Zeit überprüft werden.

Auch **Gläser mit Twist-off-Verschluss** sind zum Einmachen und insbesondere zum Konservieren von Marmelade oder Gelee geeignet. Diese müssen nicht extra gekauft werden: Auch gebrauchte und gereinigte Gläser von industriell hergestellten Marmeladen, eingelegtem Gemüse oder Gurken verfügen über das Twist-off-Prinzip und können nach gründlicher Reinigung wiederverwendet werden. Twist-off-Deckel sind im Randbereich innen mit einer Beschichtung versehen, die beim Zudrehen fest auf den Glasrand gedrückt wird. Dadurch entsteht bereits nach dem Befüllen mit heißer Marmelade oder heißem Einlegesud und anschließendem Verschließen der Gläser ein luftdichter Verschluss, der das Eindringen von Sauerstoff und Keimen verhindert. Vor der Wiederverwendung von Gläsern mit Twist-off-Verschluss sollte der Deckel jedoch sorgfältig geprüft werden. Falls er verbogen oder die Beschichtung beschädigt ist, schließt er nicht mehr dicht. Deckel, deren gesamte innere Deckeloberseite beschichtet ist, sollten wegen erhöhter Keimgefahr nicht wiederverwendet werden.

Ebenfalls gut geeignet sind **Bügelgläser**, bei denen der Gummiring und der Bügel bereits integriert sind. Sowohl bei der Verwendung von Twist-off-Gläsern als auch von Bügelgläsern werden keine zusätzlichen Metallklammern benötigt.

Achtung!

Die Anzahl an Gläsern, die Sie benötigen, kann von der im Rezept genannten Gläsermenge abweichen. Sie ist abhängig von der Füllhöhe, vom Zustand der Rohstoffe und vom individuellen Ablauf der Zubereitung. Stellen Sie besser ein paar zusätzliche Gläser oder Gefäße bereit, die dann gegebenenfalls beim nächsten Mal zum Einsatz kommen und seien Sie nicht enttäuscht, wenn die Ausbeute sich um ein Glas reduziert.

Marmelade oder Konfitüre?

Nach einer Verordnung von 1982 für Handelsprodukte innerhalb der Europäischen Union darf der Begriff „Marmelade" in Angleichung an den englischen Sprachgebrauch nur für Marmelade aus Zitrusfrüchten verwendet werden. Zubereitungen aus Früchten wie Erdbeeren, Himbeeren, Aprikosen, Johannisbeeren usw. werden im Handel als „Konfitüren" bezeichnet. Im allgemeinen Sprachgebrauch ist der Begriff „Marmelade" jedoch erhalten geblieben und wird auch im vorliegenden Buch verwendet.

Marmeladen- und Geleegläser können ebenso mit Einmachhaut aus Zellophan verschlossen werden. Dabei wird ein Stück Einmachhaut in ausreichender Größe auf den sauberen Rand des heiß befüllten Glases gelegt, festgezogen und mit einem Gummiband unter dem Rand befestigt. Mit Einmachhaut verschlossene Marmeladen und Gelees sind jedoch nicht sehr lange haltbar. Twist-off-Deckel schützen wirksamer und dauerhafter vor dem Befall durch Mikroorganismen sowie vor dem Austrocknen der Marmeladen und Gelees.

Die verwendeten Gläser sollten nicht zu groß sein, damit ihr Inhalt rasch verbraucht werden kann. So können Sie für Abwechslung auf dem Frühstückstisch sorgen und immer mal eine neue Marmeladen- oder Geleesorte öffnen.

Geräte und sonstige Utensilien

Die grundlegende Ausstattung zum Marmeladekochen, Einkochen und Einlegen findet sich in jeder Küche. Anschaffungen wie ein Kirsch- oder Zwetschgenentsteiner oder ein Einkochautomat mit Thermometer sind nur dann nötig, wenn Sie viel und oft einmachen. Sie benötigen:

❖ eine Küchenwaage, zum Abwiegen von Obst, Gemüse und weiteren Zutaten
❖ einen Messbecher, zum Abmessen von Flüssigkeiten
❖ ein Sieb, zum Abtropfen von Obst und Gemüse

- ❖ ein scharfes Messer, zum Zerkleinern und Entsteinen des Einlegeguts
- ❖ ein Schälmesser
- ❖ einen Rührlöffel, am besten aus Kunststoff
- ❖ einen Kartoffelstampfer, zum Zerdrücken der Früchte für Marmeladen und Chutneys
- ❖ einen Pürierstab
- ❖ einen Mixer
- ❖ einen breiten Kochtopf (mindestens 24 cm Ø) aus Edelstahl oder Email zum Kochen von Marmelade und Konfitüre, Fassungsvermögen mind. 6 l; keine Töpfe aus Aluminium verwenden, da die Fruchtsäuren das Material angreifen und den Geschmack der Marmelade beeinträchtigen können
- ❖ einen großen Kochtopf zum Sterilisieren von Gläsern und Gefäßen
- ❖ einen Schaumlöffel zum Abschöpfen des Schaums, der beim Gelee- und Marmeladekochen entsteht
- ❖ eine Suppenkelle zum Einfüllen von Marmelade oder Früchten in die Gläser
- ❖ einen Einfülltrichter, der die Glasränder beim Befüllen vor Verunreinigungen schützt
- ❖ Marmeladengläser mit Schraubverschluss, Einkochgläser mit Gummiring und Drahtbügel oder Klammer zum Einkochen von Obst, Gemüse und Kompott
- ❖ Etiketten zum Beschriften
- ❖ gegebenenfalls Entsteiner für Kirschen und Zwetschgen
- ❖ gegebenenfalls Einmachhaut und Gummiringe
- ❖ gegebenenfalls eine Spezialzange zum Anheben von heißen Gläsern
- ❖ gegebenenfalls einen Einkochautomaten oder einen großen Einkochtopf für den Herd mit Thermometer

Obst und Gemüse

Verwenden Sie stets einwandfreies Obst und Gemüse, das voll ausgereift ist. Früchte mit schadhaften Stellen können trotz Wärmebehandlung beim Einkochen weiter verderben. Unreifes Obst hat noch kein volles Aroma; überreifes Obst wird beim Einkochen und Lagern schnell weich, verdirbt leicht und enthält weniger Pektine, die bei der Herstellung von Marmelade zum Geliervorgang beitragen. Obst, Gemüse und insbesondere Beeren sollten am Tag des Einkaufs verarbeitet werden. Beim Lagern verlieren sie an Aroma und büßen Qualität ein. Kaufen oder ernten Sie nur eine Menge, die Sie am gleichen Tag noch einkochen oder einmachen können.

Verarbeiten Sie stets kleinere Mengen an Obst und Gemüse, d. h. nie weniger als 500 g und nie mehr als 2 ½ kg auf einmal. Bei größeren Mengen entweicht beim Kochen weniger Feuchtigkeit und es entstehen Unstimmigkeiten hinsichtlich der Kochzeiten. Wenn im Rezept nicht anders angegeben, werden die Früchte vor dem Schälen und Entkernen abgewogen.

Bei der Zubereitung von Marmeladen sollte ein hoher Kochtopf verwendet werden, der maximal bis zur Hälfte mit Früchten bzw. Fruchtbrei und Zucker befüllt sein darf. Auf diese Weise wird vermieden, dass die Marmelade überkocht.

Zucker

Wesentlicher Bestandteil von Marmeladen und Eingemachtem ist der Zucker. Einerseits sorgt er für die notwendige Süße, andererseits hilft er bei der Haltbarmachung der Früchte. Ab einer Zuckerkonzentration von 66 % reduziert er die Wasserverfügbarkeit für Bakterien und Schimmelpilze und entzieht diesen somit die Lebensgrundlage. Außerdem verzögert Zucker den Abbau von Vitamin C.

Am häufigsten wird Gelierzucker verwendet, der aus einer Mischung aus Zucker, Geliermittel (Pektin) und einem Säuerungsmittel (Zitronen- oder Weinsäure zur Unterstützung des Geliervorgangs) besteht. Pektin verliert im Lauf der Zeit seine Gelierkraft, weshalb der Gelierzucker nach Ablauf der Mindesthaltbarkeit nicht mehr verwendet werden sollte.

Einmachzucker oder Einmachraffinade enthält keine Zusatzstoffe. Er unterscheidet sich vom gewöhnlichen Haushaltszucker durch große

und gleichmäßige Zuckerkristalle, die beim Kochen langsamer schmelzen. Dadurch entsteht weniger Schaum und die Marmelade brennt nicht so schnell an. Bei der Verwendung von Einmachzucker zur Zubereitung von Marmelade sollte zusätzlich ein Geliermittel verwendet werden.

Verhältnis von Früchten und Zucker

Das Verhältnis von Früchten und Zucker ist abhängig von der Obst- oder Beerensorte und dem verwendeten Zucker. Gelierzucker ist in verschiedenen Ausführungen erhältlich: Gelierzucker 1:1, 2:1, 3:1, wobei sich die erste Zahl auf die Menge der Früchte bezieht. Bei der Verwendung von Gelierzucker kann man also bis zu dreimal soviel Früchte verarbeiten, ohne die Zuckermenge zu erhöhen. Allerdings sollte daran gedacht werden, dass die Marmelade bei geringerem Zuckergehalt nicht lange haltbar ist. Sie sollte dann rasch verbraucht und grundsätzlich kühl gelagert werden.

Gelierhilfen

Die Grundlage für den Geliervorgang wird von den Pektinen gebildet, die in den meisten Früchten als natürlicher Bestandteil – allerdings in sehr unterschiedlicher Konzentration – vorhanden sind. Zitrusschalen enthalten mit 30 % sehr viel Pektin, Äpfel im Vergleich dazu relativ wenig (1,5 %), gelten aber dennoch als pektinreich. Einen sehr geringen Gehalt haben weiche Früchte wie Erdbeeren oder Kirschen (0,4 %). Bei ihrer Verarbeitung zu Marmelade sollten Gelierzucker oder Geliermittel verwendet werden. Geliermittel sind als Pulver (als Mischung aus Pektin, das meistens aus Äpfeln gewonnen wird, Traubenzucker und Fruchtsäure) oder in flüssiger Form (als aufgelöstes Apfelpektin, dem die Fruchtsäure noch zugefügt werden muss) im Handel erhältlich. Berücksichtigen Sie bei der Dosierung von Geliermitteln stets den natürlichen Pektingehalt der Früchte. Johannisbeeren, Stachelbeeren, Preiselbeeren, Quitten und Äpfel sind pektinreich; Erdbeeren, Himbeeren, Kirschen, Pfirsiche, Mirabellen, Pflaumen,

Zwetschgen, Birnen, Heidelbeeren und Holunderbeeren haben einen mittleren bis geringen Pektingehalt. Dosierungsangaben finden Sie auf der Verpackung des jeweiligen Geliermittels.

Kochzeiten und Gelierprobe

Unter Verwendung von Gelierzucker ist eine Kochzeit von vier Minuten für die meisten Marmeladen und Gelees ausreichend. Danach werden sie noch heiß in die vorbereiteten Gläser gefüllt und sofort verschlossen. Zuvor sollten Sie jedoch grundsätzlich eine Gelierprobe machen. Dafür entnehmen Sie dem Kochtopf eine kleine Menge heißen Gelees oder heißer Marmelade und geben sie tropfenweise auf einen kleinen, möglichst kalten Teller. Nach kurzer Zeit sollten die Tropfen fest geworden sein und

Pektingehalt der Obst- und Beerensorten

Fruchtart	Pektingehalt		
	hoch	mittel	gering
Apfel	×		
Aprikose		×	
Birne			×
Brombeere			×
Eberesche	×		
Erdbeere			×
Heidelbeere	×		
Himbeere			×
Holunderbeere			×
Johannisbeere	×		
Kirsche			×
Pfirsich		×	
Pflaume		×	
Preiselbeere	×		
Quitte	×		
Rhabarber			×
Zitrusfrüchte	×		
Zwetschge		×	

beim Schräghalten des Tellers ihre Form behalten und nicht verlaufen. Bleibt die Probe flüssig, muss das Gelee oder die Marmelade noch länger gekocht werden.

Kaltgerührte Marmelade

Bei der kaltgerührten Marmelade entfällt der Kochvorgang. Diese Methode bietet sich bei geringen Mengen an. Leider ist die Haltbarkeit sehr begrenzt, der Vitamin- und Nährstoffgehalt durch die fehlende Wärmezufuhr jedoch sehr hoch. Auf diese Weise lässt sich ein geschmacksintensiver Brotaufstrich zubereiten.

Grundrezept: 500 g Früchte, 500 g Gelierzucker (1:1). Früchte, z. B. Erdbeeren oder Himbeeren, waschen, trocknen, pürieren, mit dem Zucker vermischen und gut verrühren. Das Fruchtpüree in gründlich gereinigte, am besten sterilisierte Gläser füllen und im Kühlschrank konservieren bzw. einfrieren. Die Haltbarkeit im Kühlschrank beträgt ca. 3 Wochen.

Hygiene

Verwenden Sie aus hygienischen und geschmacklichen Gründen möglichst keine Schneidbretter oder Rührlöffel aus Holz, sondern aus Glas oder Kunststoff. Sie lassen sich besser reinigen und sind geschmacksneutral.

Wenn Sie Ihre Marmelade, Ihr Eingemachtes oder Ihren Sirup längere Zeit lagern möchten, sollten Sie die Gefäße vor dem Befüllen sterilisieren. Zunächst reinigen Sie Ihre Gläser oder Flaschen sowie die zugehörigen Deckel oder Verschlüsse gründlich und spülen Sie sorgfältig nach, um eventuelle Spülmittelreste zu beseitigen. Zum Abtropfen stellen Sie die Gläser mit der Öffnung nach unten auf ein sauberes Geschirrtuch. Dann erhitzen Sie einen zur Hälfte mit Wasser befüllten Topf. Wenn das Wasser heiß zu werden beginnt, geben Sie Gefäße und Verschlüsse hinein und kochen diese ca. 10 Minuten. Auch Gummiringe, Deckel oder Süßmostkappen (zum Verschließen von Flaschen) müssen in kochendem Wasser sterilisiert werden. Alle Gläser und Verschlüsse sollten im heißen Wasser liegen bleiben, bis sie zum Einsatz kommen.

Befüllen der Gläser

Um zu vermeiden, dass Marmeladen- oder Aufgussreste auf den Deckelrand gelangen und ein festes und hygienisches Verschließen des Deckels verhindern, ist der Einsatz eines Marmeladeneinfülltrichters sinnvoll. Diese sind aus verschiedenen Materialien und in unterschiedlichen Größen im Handel erhältlich. Wichtig ist, dass die Trichteröffnung bequem in die Glasöffnung passt und der Trichter beim Befüllen auf den Rand des Glases aufgelegt werden kann. Die Gläser sollten bis kurz unter dem Rand befüllt werden. Lassen Sie aber nach oben hin immer etwas Platz, damit nichts überschwappt, bis der Deckel fest verschlossen ist.

Damit die Gläser beim Befüllen mit heißer Marmelade oder Einmachgut nicht springen, können sie zum Ableiten der Hitze auf ein feuchtes Tuch gestellt werden.

Haltbarkeit und Lagerung

Wenn Sie eingemachtes Obst und Gemüse länger lagern wollen, sollten Sie es im Anschluss an die Zubereitungsanweisungen im vorliegenden Buch einkochen (Einkochzeiten und -temperaturen siehe Tabelle S. 4). Nach gelungenem Einkochen ist dann eine Haltbarkeit von 2 Jahren möglich. Dennoch sollten Sie die Gläser von Zeit zu Zeit überprüfen und den Inhalt im Zweifelsfall lieber wegschütten.

Die Haltbarkeit von Marmelade, Gelee und Sirup ist abhängig von der Zuckerkonzentration. Wurden alle hygienischen Maßnahmen beachtet, sollten sie 1 Jahr unbeschadet überdauern. Regelmäßige Kontrollen insbesondere beim Öffnen eines Glases sind auch hier unerlässlich.

Eingemachtes, Eingelegtes und Marmeladen sollten kühl und dunkel (4 – 12 °C) gelagert werden. Zwar lässt sich ein Nachdunkeln von eingemachten Früchten auch so kaum verhindern, jedoch wird dieser Vorgang durch die Einwirkung von Licht und Wärme beschleunigt.

Angebrochene Gläser werden am besten im Kühlschrank gelagert und ihr Inhalt sollte rasch verbraucht werden.

Einlegen in Essig und Öl

Auch mit Essig und Öl lassen sich Lebensmittel, insbesondere Gemüse, haltbar machen. Der dabei verwendete Essig sollte mindestens 5% Säure enthalten, dann hat er eine antibakterielle sowie konservierende Wirkung und verhindert die Entwicklung von Schimmel. Durch die Kombination mit Zucker, Salz und bestimmten Gewürzen wird dieser Effekt noch verstärkt. Am besten geeignet

ist Weinessig. Obst- und Apfelessig haben einen stärkeren Eigengeschmack und sollten nur dann eingesetzt werden, wenn sie gut zu dem jeweiligen Gemüse passen.

Zum Einlegen von Gemüse in Öl sind alle geschmacksneutralen Öle (Raps-, Distel-, Maiskeim- oder Sonnenblumenöl) geeignet. Für Gewürzöle verwendet man am besten gutes Olivenöl. Das Einkochen von in Öl Eingelegtem ist nicht möglich.

Beschriftung und Dekoration

Im Handel ist eine Vielfalt an Gläsern in verschiedenen Formen erhältlich. Stöbern Sie ein wenig in diesem reichhaltigen Angebot und wählen Sie passende Gefäße und Deckel für Ihre Produkte.

Beschriften Sie Ihr Einmachgut und Ihre Marmelade und geben Sie auf dem Etikett das Einkochjahr und den Inhalt an, damit Sie den Überblick über Ihre Vorräte behalten können. Im Vorsatz des vorliegenden Buches finden Sie eine Kopiervorlage mit verschiedenen Etiketten. Nach dem Fotokopieren können Sie diese farbig gestalten, ausschneiden und auf Ihr Glas kleben.

Marmeladen und Gelees, die nur mit Einmachhaut verschlossen wurden, sollten unbedingt durch Aufbinden eines Stückes Stoff geschützt werden. Es sieht jedoch auch sehr hübsch aus, wenn Marmeladen und Einmachgut mit festem Verschluss (Twist-off-Gläser, Bügelgläser oder Einweckgläser) mit einem passenden Stoffrest oder mit buntem Papier versehen werden. Sie können die Dekoration beispielsweise mit einer Zackenschere auf die richtige Größe schneiden und anschließend mit einem passenden Band oder einer Schnur auf dem Deckel befestigen.

Ebenso werden Flaschen in unterschiedlichster Ausführung und verschiedenen Formen und Größen angeboten. Auch hier

fällt die Entscheidung angesichts des reichhaltigen Angebots manchmal recht schwer.

Bei der Gestaltung der Gefäße sind Ihrer Fantasie keine Grenzen gesetzt. Bilder, Zeichnungen, Naturmaterialien wie Blätter, getrocknete Zweige oder gar Muscheln können mithilfe einer Heißklebepistole auf die Flasche geklebt werden.

Eine selbst gemachte Marmelade mit einem hübschen Etikett und einem passenden Stoffrest, der über den Deckel gebunden wird oder eine liebevoll dekorierte Flasche mit Saft oder Sirup sind immer schöne und einzigartige Geschenke oder passende Mitbringsel anlässlich einer Einladung zum Essen.

Hagebutten-
Birnen-Mus

Zutaten: für ca.  à 200 ml

500 g Hagebutten
Saft von 1 Zitrone
½ Zimtstange
100 g Honig

700 g vollreife Birnen
300 g Zucker
150 ml Weißwein, trocken

Zubereitung:

1. Die Hagebutten waschen, entstielen und die Blütenansätze entfernen. Dann halbieren und die Kerne herausschaben.

2. 100 ml Wasser erhitzen und die Hagebutten mit dem Zitronensaft und dem Zimt 30 Minuten weich kochen. Die Masse anschließend durch ein Sieb streichen. Den Honig unterrühren und das Mus abkühlen lassen.

3. Die Birnen schälen, vierteln, entkernen und in Würfel schneiden. Zusammen mit dem Zucker und dem Wein in einen Topf geben und zugedeckt bei mittlerer Hitze 20 Minuten weich kochen. Die Birnen mit einem Pürierstab pürieren und unter das Hagebuttenmus rühren.

4. Nochmals aufkochen und heiß in sterilisierte Gläser füllen. Diese fest verschließen und abkühlen lassen.

Zwetschgenmus – die schnelle Variante

Zutaten: für ca. à 300 ml

1 kg Zwetschgen
½ Vanilleschote
½ Zimtstange
1 Gewürznelke
500 g Gelierzucker 2:1

Zwetschgenmus – klassisch

1. Die Zwetschgen waschen, entsteinen und halbieren. Die Früchte im eigenen Saft zusammen mit den Gewürzen in einem Topf erhitzen und weich kochen. Den Backofen auf 180 °C (Umluft 160 °C) vorheizen.

2. Den Topfinhalt in eine tiefe Fettpfanne füllen, 100 g Zucker dazugeben, durchrühren und im Backofen ca. 30 Minuten eindicken lassen. Den Vorgang wiederholen, bis der Zucker verbraucht und das Mus gut angedickt ist.

3. Die Gewürze entfernen. Nach Belieben mit dem Pürierstab etwas pürieren und nochmals in einem Topf erhitzen. Das Mus noch heiß in sterilisierte Gläser füllen, diese fest verschließen und abkühlen lassen.

Achtung: Die Menge an erhaltenem Mus ist bei dieser Herstellungsmethode etwas geringer, da den Früchten mehr Flüssigkeit entzogen wird.

Zubereitung:

1. Die Zwetschgen waschen, entsteinen und klein schneiden. Mit dem Pürierstab pürieren. Das Mark aus der Vanilleschote herauskratzen und unterrühren.

2. Die pürierten Zwetschgen in einen Topf geben, die Vanilleschote, die Zimtstange und die Gewürznelke dazugeben, alles durchrühren und erhitzen.

3. Den Zucker hinzufügen und nochmals durchrühren. Das Mus aufkochen lassen und ca. 12 Minuten unter wiederholtem Rühren köcheln lassen.

4. Die Vanilleschote entfernen und das Mus noch heiß in sterilisierte Gläser füllen. Diese fest verschließen und abkühlen lassen.

*Pfirsich*kompott

Zutaten: für ca.  à 500 ml

1 kg Pfirsiche
250 ml Weißwein, trocken
250 ml Apfelsaft
2 EL Zitronensaft

2 EL Orangenlikör (ersatzweise Rum)
1 Zimtstange
ca. 100 g Zucker, nach Belieben
   auch etwas mehr

Zubereitung:

1. Die Pfirsiche mit kochendem Wasser überbrühen, abschrecken und die Haut abziehen. Die Früchte halbieren, den Stein entfernen und das Fruchtfleisch in breite Spalten schneiden.

2. Die vorbereiteten Früchte in sterilisierte Gläser schichten.

3. Den Wein mit dem Apfelsaft, dem Zitronensaft, dem Orangenlikör, der Zimtstange und dem Zucker aufkochen. Den heißen Sud über die Früchte in die Gläser füllen, sodass sie bedeckt sind.

4. Die Gläser verschließen und im leicht köchelnden Wasserbad etwa 20 Minuten einkochen. Dabei sollten die Gläser zu zwei Dritteln im Wasser stehen. Herausnehmen und abkühlen lassen.

Pfirsichkompott mit Lavendel

Eine besondere Geschmacksrichtung entsteht durch die Zugabe von Lavendelblüten. Bereiten Sie den Zuckeraufguss ohne Orangenlikör und Zimt zu und fügen Sie den Früchten beim Einschichten in die Gläser jeweils 1 blühenden Zweig Lavendel hinzu.

*Apfel*kompott

Zutaten: für ca. 🫙🫙🫙🫙 à 300 ml

1 kg Äpfel
1 Zitrone, unbehandelt
1 Zimtstange
80 g Zucker

Zubereitung:

1. Die Äpfel schälen und vierteln. Vom Kerngehäuse befreien und in Stücke schneiden.

2. Die Schale der Zitrone spiralenförmig abschälen und den Saft auspressen. 4 EL Saft abmessen und mit den Äpfeln in einen Topf geben. Die Zitronenschale, die Zimtstange, den Zucker und 2 EL Wasser hinzufügen, umrühren und aufkochen.

3. Die Äpfel zugedeckt 15–20 Minuten bei mittlerer Hitze köcheln lassen. Die Zitronenschale und die Zimtstange entfernen und das Kompott noch heiß in sterilisierte Gläser füllen. Fest verschließen und abkühlen lassen.

Apfelkompott mit Rosinen und Ingwer

Mit Rosinen und Ingwer lässt sich Ihr Apfelkompott auf besondere Weise abwandeln. Ersetzen Sie die Zimtstange durch ein ca. 3 cm langes Stück frischen Ingwer, der geschält und gewürfelt mit den Äpfeln mitgekocht wird. Geben Sie außerdem 125 g Rosinen dazu.

Heidelbeer- marmelade

Zutaten: für ca. 🏺🏺🏺🏺 à 300 ml

1 kg Heidelbeeren
500 g Gelierzucker 2:1

Zubereitung:

1. Die gewaschenen und verlesenen Heidelbeeren gut abtropfen lassen und in einen hohen Topf geben. Etwa die Hälfte der Beeren mit einem Kartoffelstampfer, einer Gabel oder einem Pürierstab etwas zerkleinern.

2. Den Gelierzucker dazugeben.

3. Die Mischung verrühren und zum Kochen bringen.

4. Unter ständigem Rühren ca. 4 Minuten sprudelnd kochen lassen.

5. Um festzustellen, ob die Kochzeit ausgereicht hat, um die Marmelade gelieren zu lassen, wird die Gelierprobe durchgeführt. Dazu wird dem Topf mit einem Löffel eine kleine Menge Marmelade entnommen und auf einen Teller gegeben. Nach der angegebenen Kochzeit sollte die Marmelade beim Erkalten auf dem Teller gelieren. Bleibt sie weiterhin dünnflüssig, wird die Kochzeit um 1 Minute verlängert und die Gelierprobe erneut durchgeführt.

6. Nach erfolgreicher Gelierprobe wird die Marmelade nun heiß in die vorbereiteten sterilisierten Gläser gefüllt. Die Gläser werden sofort verschlossen und zum langsamen Abkühlen an einen zugfreien Ort gestellt.

*Erdbeer*marmelade

Zutaten:

für ca. 🫙🫙🫙🫙 à 300 ml

1 kg Erdbeeren
500 g Gelierzucker 2:1
Saft von ½ Zitrone

Zubereitung:

1. Die Erdbeeren behutsam waschen und das Grün abzupfen. Die Beeren je nach Größe vierteln oder halbieren.

2. Die Erdbeeren in einen hohen Topf geben. Den Gelierzucker hinzufügen und die Mischung verrühren.

3. Den Zitronensaft dazugeben und alles zum Kochen bringen.

4. Die Marmelade 4 Minuten sprudelnd kochen lassen. Den dabei entstehenden Schaum immer wieder mit einem Schaumlöffel abschöpfen.

5. Die Marmelade nach gelungener Gelierprobe in die vorbereiteten sterilisierten Gläser füllen und abkühlen lassen.

Erdbeer-Holunderblüten-Marmelade

Zutaten: für ca. 🫙🫙🫙🫙 à 300 ml

1 kg Erdbeeren
3 Dolden Holunderblüten
Saft von ½ Zitrone
500 g Gelierzucker 2:1

Zubereitung:

1. Die Erdbeeren waschen, putzen, klein schneiden und etwas zerdrücken.

2. Die Holunderblüten von den Dolden zupfen. Mit dem Zitronensaft und dem Zucker untermischen und alles etwa 3 Stunden ziehen lassen.

3. Dann die Mischung unter Rühren zum Kochen bringen und mindestens 4 Minuten sprudelnd kochen lassen. Danach die Gelierprobe machen.

4. Noch heiß in die sterilisierten Gläser füllen, sofort verschließen und abkühlen lassen.

Brombeer-marmelade

Zutaten: für ca. 🫙🫙🫙🫙 à 300 ml

1 kg Brombeeren
500 g Gelierzucker 2:1
1 EL Zitronensaft

Zubereitung:

1. Die Brombeeren verlesen, waschen und abtropfen lassen.

2. In einen hohen Topf geben und die Beeren nach Belieben mit dem Kartoffelstampfer oder dem Pürierstab noch etwas zerkleinern.

3. Den Zucker sowie den Zitronensaft dazugeben und die Mischung zum Kochen bringen. Unter ständigem Rühren ca. 4 Minuten sprudelnd kochen lassen. Die Gelierprobe machen.

4. Noch heiß in die sterilisierten Gläser füllen, diese sofort verschließen und abkühlen lassen.

Rhabarber-Erdbeer-Marmelade

Zutaten:

für ca. 🫙🫙🫙🫙🫙 à 300 ml

1250 g Rhabarber
250 g Erdbeeren
1,5 kg Gelierzucker 1:1
Saft von ½ Zitrone

1. Die gewaschenen Rhabarberstängel gründlich schälen.

2. Den Rhabarber in ca. 1 cm lange Stücke schneiden.

3. Zusammen mit den geputzten und geschnittenen Erdbeeren in einen Topf geben und 10 Minuten kochen. Dann den Gelierzucker zufügen und alles 4 Minuten kochen lassen. Die Gelierprobe machen und danach den Zitronensaft einrühren.

4. Die Marmelade noch heiß in die sterilisierten Gläser füllen und abkühlen lassen.

*Rhabarber*marmelade

Zutaten: für ca. 🫙🫙🫙🫙 à 300 ml
oder ca. 10×🫙 à 125 ml

1 kg Rhabarber
1 kg Gelierzucker 1:1
1 Vanilleschote

Zubereitung:

1. Den Rhabarber waschen, putzen und in kleine Stücke schneiden.

2. In einem Topf mit dem Zucker vermischen und mindestens 6 Stunden ziehen lassen.

3. Das Mark aus der Vanilleschote herauskratzen und dazugeben.

4. Den Rhabarber aufkochen und nach Belieben mit dem Pürierstab pürieren. Unter ständigem Rühren ca. 5 Minuten kochen lassen. Die Gelierprobe machen.

5. Die Marmelade noch heiß in die sterilisierten Gläser füllen, diese sofort verschließen und abkühlen lassen.

*Himbeer*marmelade

Zutaten: für ca. 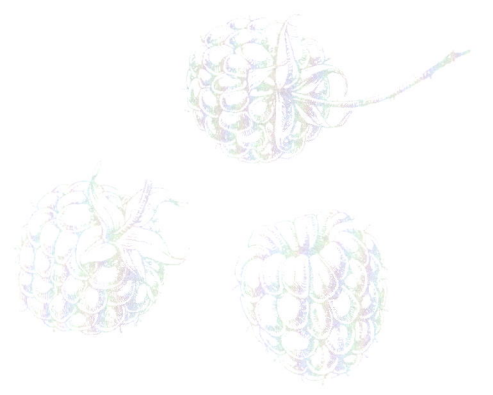 à 300 ml

1 kg Himbeeren
1 EL Zitronensaft
500 g Gelierzucker 2:1

Zubereitung:

1. Die Himbeeren verlesen und vor-
sichtig waschen. Gut abtropfen
lassen.

2. In einen Topf geben, den Zitronensaft hinzufügen und mit dem Zucker vermischen. Aufkochen und
nach Belieben mit dem Pürierstab
pürieren.

3. Die Himbeeren ca. 4 Minuten unter
ständigem Rühren kochen lassen.
Die Gelierprobe machen.

4. Die Marmelade noch heiß in die
sterilisierten Gläser füllen, diese fest
verschließen und vollständig abkühlen lassen.

Hagebutten-marmelade

Zutaten: für ca. [image glasses] à 300 ml

1 kg Hagebutten
1 Zitrone, unbehandelt
ca. 1 kg Gelierzucker 1:1, je nach Menge
  des erhaltenen Fruchtmarks

Zubereitung:

1. Die Hagebutten waschen und abtropfen lassen. Die Blütenansätze entfernen, die Früchte aufschneiden und die Kerne entfernen. Dabei sollte man sich nicht ins Gesicht fassen oder den Körper berühren, da die Härchen an den Kernen einen starken Juckreiz verursachen können. Danach die Hände mehrmals abspülen.

2. Die Hagebutten nochmals waschen, in einen Topf geben und mit 500 ml Wasser übergießen. Ca. 24 Stunden bei Raumtemperatur stehen lassen.

3. Die Hagebutten im Einweichwasser weich kochen. Noch heiß durch ein Sieb streichen.

4. Die Schale der Zitrone spiralförmig abschälen. Das Fruchtmark in einem Topf mit der gleichen Menge Zucker vermischen und die Zitronenschale dazugeben. Aufkochen und 10 Minuten unter Rühren sprudelnd kochen lassen. Die Zitronenschale entfernen.

5. Noch heiß in sterilisierte Gläser füllen, diese fest verschließen und abkühlen lassen.

Hagebutten-Rosinen-Kompott

Für ca. 3–4 Gläser à 200 ml

Zutaten:
700 g Hagebutten
250 ml Rotwein
100 g Zucker
250 g Rosinen

1. Die Hagebutten waschen, entstielen und entkernen.

2. 125 ml Wasser, den Rotwein und den Zucker zusammen aufkochen.

3. Die Hagebutten und die Rosinen dazugeben und die Hagebutten in diesem Sud ca. 15 Minuten garen.

4. Noch heiß in sterilisierte Gläser füllen und diese fest verschließen. Zur längeren Haltbarkeit das Kompott in Einweckgläser füllen und 30 Minuten bei 90 °C im Einkochtopf einkochen.

Tipp: Das Hagebutten-Rosinen-Kompott passt sehr gut zu festlichem Geflügel, wie z. B. Gänsebraten.

Holunder-marmelade

Zutaten: für ca. 🏺🏺🏺🏺 à 300 ml

1 kg Holunderbeeren, frisch gepflückt
1 Zimtstange
3 Kardamomfrüchte
3 Pimentkörner
ca. 1 kg Gelierzucker 1:1

Zubereitung:

1. Die Holunderbeeren waschen und abtropfen lassen, dann von den Rispen abstreifen.

2. Die Beeren mit den Gewürzen in einen Topf geben und ca. 5 Minuten kochen lassen. Ab und zu umrühren. Die Gewürze entfernen und beiseitestellen.

3. Die Beeren nun mit einem Kartoffelstampfer zerdrücken. Den Brei durch ein Sieb drücken, damit das Fruchtfleisch erhalten bleibt und nur Kerne und Schale entfernt werden.

4. Den erhaltenen Brei mit der gleichen Menge Zucker vermischen, nochmals die Gewürze dazugeben und alles weitere 4–5 Minuten unter Rühren sprudelnd kochen lassen. Die Gelierprobe machen.

5. Noch heiß in sterilisierte Gläser füllen, diese fest verschließen und abkühlen lassen.

Vogelbeer-
marmelade

Zutaten: für ca.  à 250 ml

1 kg Vogelbeeren (nach dem ersten Frost geerntet)
2 Vanilleschoten
500 g Gelierzucker 2:1
1 TL Zitronensäure

Zubereitung:

1. Die Vogelbeeren waschen, abtropfen lassen und von den Stielen zupfen.

2. Die Beeren mit 250 ml Wasser in ca. 25 Minuten sehr weich kochen, dann mit dem Pürierstab pürieren.

3. Das Mark aus den Vanilleschoten herauskratzen. Mit dem Zucker und der Zitronensäure zu den Beeren geben.

4. Aufkochen und 4 Minuten sprudelnd kochen lassen. Die Gelierprobe machen.

5. Noch heiß in sterilisierte Gläser füllen, fest verschließen und abkühlen lassen.

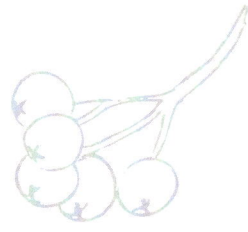

Vogelbeerkompott

Für ca. 5 Gläser à 250 ml

Zutaten:
1 kg Vogelbeeren
1 kg Zucker
1 Päckchen Gelfix 2:1

1. Die Vogelbeeren waschen, abtropfen lassen und von den Stielen zupfen.

2. Die Beeren mit 300 ml Wasser aufkochen lassen. Den Zucker einrühren und das Geliermittel hinzufügen. Alles gut durchrühren. Das Kompott noch heiß in die sterilisierten Gläser füllen und abkühlen lassen.

Tipp: Vogelbeerkompott kann verwendet werden wie Preiselbeeren, beispielsweise zu Wildgerichten oder zu gebackenem Camembert.

Tipp

Die Vogelbeere oder Eberesche gehört zu den Mehlbeeren. Ihre Früchte enthalten sehr viel Vitamin C und wurden deshalb früher gegen Skorbut eingesetzt. Allerdings sollten sie nur gegart verzehrt werden, da die in den rohen Beeren enthaltene Parasorbinsäure in manchen Fällen zu Magenproblemen führen kann. Durch die Verarbeitung zu Marmelade werden sie aber gut verträglich!

Schwarze-*Johannisbeer-*Marmelade

Zutaten: für ca.  à 200 ml

1 kg Schwarze Johannisbeeren
½ Zitrone, unbehandelt
500 g Gelierzucker 2:1

Zubereitung:

1. Die Johannisbeeren waschen und abtropfen lassen. Die Beeren von den Rispen zupfen und verlesen.

2. Die Schale der Zitrone abreiben und den Saft auspressen. Beides mit den Johannisbeeren sowie dem Zucker in einen Topf geben und kurz aufkochen. Die Beeren mit dem Pürierstab leicht pürieren, sodass noch einige Beeren ganz bleiben.

3. Die Mischung aufkochen und ca. 4 Minuten kochen lassen. Die Gelierprobe machen.

4. Die Marmelade noch heiß in die sterilisierten Gläser füllen, diese fest verschließen und vollständig abkühlen lassen.

Orangen-marmelade

Zutaten: für ca. 🫙🫙🫙🫙🫙 à 250 ml

1,5 kg Orangen, unbehandelt
ca. 1250 g Zucker

Zubereitung:

1. Die Orangen heiß abwaschen und abtrocknen. Die Schale mit einem scharfen Messer oder mit einem Sparschäler abschneiden. Die Schale in feine Streifen schneiden.

2. Die Früchte jeweils in der Mitte halbieren, in ein Tuch geben und ausdrücken. Den Saft gleich in einem Topf auffangen.

3. Alle ausgedrückten Orangenreste in einem Tuch zusammenbinden und mit in den Topf hängen. Das Tuch mit den Schnurenden am Griff befestigen. 1 l Wasser angießen.

4. Die feinen Schalenstreifen zufügen. Den Topfinhalt unter gelegentlichem Umrühren aufkochen. 30 Minuten köcheln lassen, bis die Schalen weich sind. Dann den Herd ausschalten und das Tuch wieder herausnehmen. Alles etwas abkühlen lassen.

5. Den Saft in einen Messbecher gießen, um die erforderliche Zuckermenge zu bestimmen. Dabei die Schalen von der Flüssigkeit trennen. Den Leinensack gut ausdrücken und Saftreste außen mit einem Löffel abstreifen.

6. Pro 250 ml ca. 225 g Zucker abwiegen. Den Orangenansatz und den Zucker zusammen mit den Schalenstreifen in einen Topf geben. Die Marmelade aufkochen und 10 – 20 Minuten köcheln lassen. Ab und zu umrühren und falls nötig, den entstandenen Schaum abschöpfen.

7. Zur Durchführung der Gelierprobe 1 TL der heißen Marmelade auf einen kleinen kalten Teller geben. Ist sie noch flüssig, weiter köcheln lassen. Wird sie fest, ist die Marmelade fertig zum Abfüllen.

8. Die Marmelade noch heiß in die vorbereiteten sterilisierten Gläser füllen. Diese fest verschließen und abkühlen lassen.

Johannisbeer-Himbeer-Konfitüre

Zutaten: für ca. 🫙🫙🫙 à 250 ml

250 g Himbeeren
300 g rote Johannisbeeren
250 g Gelierzucker 2:1

Zubereitung:

1. Die Johannisbeeren und die Himbeeren verlesen, waschen und gut abtropfen lassen. Die Johannisbeeren von den Rispen streifen.

2. Himbeeren und Johannisbeeren in einen Topf geben. Mit dem Zucker vermischen und aufkochen. Unter Rühren ca. 4 Minuten kochen lassen. Die Gelierprobe machen.

3. Die Marmelade noch heiß in die sterilisierten Gläser füllen, diese fest verschließen und abkühlen lassen.

Mit Vanille und Cassis-Likör

Eine besondere Geschmacksrichtung erhält diese Konfitüre durch den Zusatz von 100 ml Cassis-Likör und Vanille. Geben Sie beim Aufkochen der Beeren eine aufgeschnittene Vanilleschote mit in den Topf und fügen Sie gegen Ende der Kochzeit den Likör hinzu.

Süßkirschen-marmelade

Zutaten: für ca.  à 300 ml

1 kg Süßkirschen, gewaschen und entsteint
600 g Gelierzucker 2:1
1 EL Zitronensaft

Zubereitung:

1. Die Kirschen in einen Topf geben und mit dem Pürierstab leicht pürieren, sodass einige Früchte noch ganz bleiben.

2. Den Zucker und den Zitronensaft dazugeben und alles kurz aufkochen. Unter ständigem Rühren ca. 4 Minuten kochen lassen. Die Gelierprobe machen.

3. Die Marmelade noch heiß in die sterilisierten Gläser füllen, diese fest verschließen und vollständig abkühlen lassen.

Quittengelee

Zutaten: für ca. 🫙🫙🫙🫙 à 300 ml

1,5 kg Quitten
ca. 1,5 kg Gelierzucker 1:1
Saft von 1 Zitrone

Zubereitung:

1. Die Quitten waschen und den Flaum der Schale sorgfältig abreiben. Blütenansätze und Stiele entfernen, die Früchte in Spalten schneiden.

2. Die Spalten in einen Topf geben und mit 1 l Wasser in 30 bis 40 Minuten weich kochen.

3. Den Sud etwas abkühlen lassen. Ein Sieb mit einem Mulltuch auslegen und auf eine große Schüssel stellen. Den Sud über dem Sieb abschütten und in der Schüssel auffangen. Das Tuch an den Ecken zusammennehmen und den Inhalt über der Schüssel ausdrücken.

4. Die erhaltene Menge an Saft abmessen und in einen Topf geben. Die gleiche Menge Zucker abwiegen und zusammen mit dem Zitronensaft hinzufügen. Die Mischung aufkochen und unter ständigem Rühren kräftig kochen lassen. Dabei den entstehenden Schaum immer wieder mit einem Schaumlöffel abschöpfen. Die Gelierprobe machen.

5. Das fertige Gelee noch heiß in die sterilisierten Gläser füllen, diese fest verschließen und abkühlen lassen.

Quittenbrot

Aus den Rückständen des Quittensaftes können Sie Quittenbrot herstellen. Dazu werden die Rückstände durch ein Sieb gestrichen und abgewogen. Nun dieselbe Menge Zucker abmessen und die Mischung in einen Topf geben. Unter ständigem Rühren andicken lassen, bis daraus eine dicke Paste entstanden ist. Ein Backblech mit Backpapier auslegen und die Paste daraufstreichen. Bei geringer Hitze im Backofen (ca. 80 °C, Umluft 60 °C) mehrere Stunden trocknen lassen. Dabei die Backofentür leicht geöffnet lassen. Die getrocknete Paste in Rauten oder Würfel schneiden und nach Belieben mit Hagelzucker bestreuen. In einer fest verschließbaren Dose aufbewahren.

Methoden zur Saftgewinnung

Der Saft als Ausgangsprodukt von Gelee sollte heiß gewonnen werden. Kalt gepresste Säfte haben bei der Weiterverarbeitung zu Gelee schlechtere Geliereigenschaften und neigen dazu, trüb zu werden. Zur Gewinnung von Saft gibt es zwei Methoden: mit dem Dampfentsafter und mit dem Mulltuch.

Saftherstellung mit dem Dampfentsafter

Wenn Sie größere Mengen an Obst verarbeiten möchten, ist es sinnvoll, einen Dampfentsafter zu verwenden. Diese werden in verschiedenen Ausführungen angeboten. Handelsübliche Dampfentsafter werden meistens aus Edelstahl hergestellt. Sie bestehen aus einem Wassertopf, einem Saftaufsatz sowie einem Fruchtaufsatz. In den Wassertopf füllt man Wasser und bringt es zum Kochen. Der Saftaufsatz hat in der Mitte des Bodens eine Öffnung, durch die dann der Wasserdampf aufsteigen kann, der den eigentlichen Entsaftungsvorgang auslöst. Die klein geschnittenen

Tipp

Möchten Sie Ihren Saft als Trinksaft in Flaschen abfüllen, setzen Sie der Flüssigkeit pro Liter nach Geschmack 200–500 g Zucker zu und kochen alles 5 Minuten auf. Danach füllen Sie den Saft in die vorbereiteten sterilisierten Flaschen und verschließen diese gut.

Früchte werden in den perforierten Fruchtaufsatz gegeben und 45–60 Minuten entsaftet. Dabei tropft der Saft durch die Löcher in den Saftaufsatz. Auf das Ablaufröhrchen des Saftaufsatzes wird ein Silikonschlauch aufgesteckt, der mit einer Klammer ver- und entriegelt werden kann. Durch diesen Schlauch wird der Saft zur weiteren Verarbeitung abgelassen. Während des Entsaftens muss das Ablaufröhrchen natürlich verriegelt sein.

Saftherstellung mit dem Mulltuch

Zur Verarbeitung von kleineren Mengen an Früchten ist die Herstellung des Saftes mit Hilfe eines Mulltuches völlig ausreichend. Mulltücher sind hierfür gut geeignet, weil sie robust und aufgrund ihrer Webstruktur flüssigkeitsdurchlässig sind.

1. Die Früchte oder Beeren werden in einen Topf gegeben, mit etwas Wasser bedeckt und weich gekocht.

2. Danach werden sie in ein Sieb geschüttet, das zuvor mit einem Mulltuch ausgelegt wurde. Der Saft wird dabei in einer Schüssel aufgefangen.

3. Um eine optimale Ausbeute zu erhalten, werden die Früchte im Tuch gut ausgedrückt.

4. Nach Belieben kann der Saft mit etwas Wasser aufgefüllt und anschließend zu Gelee weiterverarbeitet werden.

*Apfel*gelee

Zutaten: für ca.  à 300 ml

2 kg Äpfel (möglichst noch nicht ganz ausgereift)
Gelierzucker 1:1 (je nach der gewonnenen Saft-
menge)
1 Zitrone, unbehandelt

Zubereitung:

1. Die Äpfel waschen und in Spalten schneiden.
Stiele und Blütenansätze entfernen.

2. Die Apfelspalten in einen großen Topf geben
und mit 500 ml Wasser übergießen.

3. Die Schale der Zitrone spiralenförmig abschälen
und zu den Äpfeln geben. Die Mischung erhitzen und die Äpfel weich kochen, jedoch nicht
zerkochen!

4. Den Sud etwas abkühlen lassen. Ein Sieb mit
einem Mulltuch auslegen und auf eine große
Schüssel stellen. Den Sud über dem Sieb ab-
schütten und in der Schüssel auffangen. Das
Tuch an den Ecken zusammennehmen und den
Inhalt über der Schüssel ausdrücken.

5. Die erhaltene Menge an Saft abmessen und in
einen Topf füllen. Die gleiche Menge Zucker
abwiegen und hinzufügen. Die Mischung aufkochen lassen und unter ständigem Rühren

kräftig kochen. Dabei den entstehenden
Schaum immer wieder mit einem Schaumlöffel abschöpfen. Die Gelierprobe machen.

6. Das fertige Gelee noch heiß in die
sterilisierten Gläser füllen, diese
fest verschließen und abkühlen
lassen.

Apfelgelee mit
Chili und Sternanis

Zubereitung:

1. Die Äpfel waschen und in Spalten schneiden. Stiele und Blütenansätze entfernen.

2. Die Apfelspalten in einen großen Topf geben und mit 500 ml Wasser
übergießen. Die Äpfel erhitzen und weich kochen, jedoch nicht zerkochen!

3. Den Sud etwas abkühlen lassen. Ein Sieb mit einem Mulltuch
auslegen und auf eine große Schüssel stellen. Den Sud über dem
Sieb abschütten und in der Schüssel auffangen. Das Tuch an den
Ecken zusammennehmen und den Inhalt über der Schüssel ausdrücken. Den Saft mit dem Zitronensaft mischen und auf etwa
die Hälfte einkochen. Dann den Zucker, den Sternanis und die
Chilischoten untermischen, bei starker Hitze unter Rühren erneut
aufkochen und ca. 4 Minuten sprudelnd kochen lassen. Dabei
den entstehenden Schaum abschöpfen. Die Gelierprobe machen.

4. Das Gelee sofort in die sterilisierten Gläser füllen, diese fest verschließen und abkühlen lassen.

Zutaten:

für ca. ▯▯▯▯ à 250 ml

2 kg reife Äpfel (für ca. 1 l Saft)
50 ml Zitronensaft
400 g Gelierzucker 2:1
2 Sternanis
1–2 Chilischoten

Roséwein-
Himbeer-Gelee

Zutaten: für ca. ▯▯▯▯ à 200 ml

600 g Himbeeren
2 EL Zitronensaft
150 ml trockener Roséwein
250 g Gelierzucker 2:1
2 cl Himbeergeist

Holunder-gelee

Zutaten: für ca.  à 250 ml

800 g Holunderbeeren
300 ml Apfelsaft
350 g Gelierzucker 2:1
Saft von ½ Zitrone

Zubereitung:

1. Die Holunderbeeren waschen und von den Dolden streifen.

2. Mit dem Apfelsaft erhitzen und zugedeckt 10 Minuten kochen, dann etwas abkühlen lassen. Ein Sieb mit einem sauberen Mulltuch auslegen und auf eine Schüssel stellen. Den Sud abschütten und in der Schüssel auffangen. Die Beeren über Nacht abtropfen lassen.

3. Am nächsten Tag das Tuch gut ausdrücken. Den Holundersaft mit Wasser auf 600 ml auffüllen und in einen Topf geben. Den Zucker und den Zitronensaft untermischen. Alles bei starker Hitze unter Rühren aufkochen und 4 Minuten sprudelnd kochen lassen. Dabei den entstehenden Schaum abschöpfen. Die Gelierprobe machen.

4. Das Gelee noch heiß in die sterilisierten Gläser füllen. Diese sofort verschließen und abkühlen lassen.

Zubereitung:

1. Die Himbeeren verlesen und behutsam waschen. Mit dem Zitronensaft und dem Wein in einem Topf zum Kochen bringen. Etwa 5 Minuten bei geringer Hitze köcheln und etwas abkühlen lassen.

2. Ein Sieb mit einem Mulltuch auslegen und auf eine große Schüssel stellen. Den Sud über dem Sieb abschütten und in der Schüssel auffangen. Die Himbeeren darin über Nacht abtropfen lassen.

3. Am nächsten Tag das Tuch an den Ecken zusammennehmen und den Inhalt über der Schüssel ausdrücken.

4. Die erhaltene Menge an Saft abmessen und in einen Topf geben. Den Roséwein hinzufügen, wenn nötig mit Wasser auf 500 ml auffüllen.

5. Den Gelierzucker dazugeben, die Mischung aufkochen und etwa 4 Minuten sprudelnd kochen lassen. Den dabei eventuell entstehenden Schaum immer wieder mit einem Schaumlöffel abschöpfen. Die Gelierprobe machen.

6. Den Himbeergeist unterrühren. Das Gelee noch heiß in die sterilisierten Gläser füllen, diese fest verschließen und abkühlen lassen.

Brombeergelee

Zutaten: für ca. 🍶🍶🍶🍶 à 300 ml

1500 g Brombeeren (oder 800 ml Brombeersaft)
500 g Gelierzucker 2:1
Saft von ½ Zitrone

Zubereitung:

1. Die Brombeeren waschen, verlesen und von den Stielen befreien. Im Dampfentsafter entsaften und ca. 800 ml Saft abmessen.

2. Den Saft in einem großen Topf erhitzen, den Zucker einrühren und den Zitronensaft dazugeben. Unter ständigem Rühren sprudelnd 4 Minuten kochen lassen. Dabei den entstehenden Schaum abschöpfen. Die Gelierprobe machen.

3. Das Gelee heiß in die sterilisierten Gläser füllen, diese fest verschließen und abkühlen lassen.

*Johannisbeer*gelee

Zutaten: für ca.  à 300 ml

1500 g Rote Johannisbeeren
  (oder 800 ml Johannisbeersaft)
500 g Gelierzucker 2:1
Saft von ½ Zitrone

Zubereitung:

1. Die Johannisbeeren waschen, verlesen und mit einer Gabel von den
Rispen streifen.

2. Im Dampfentsafter entsaften und
ca. 800 ml Saft abmessen.

3. Den Saft in einem großen Topf erhitzen, den Zucker einrühren und
den Zitronensaft dazugeben. Unter
ständigem Rühren sprudelnd 4 Minuten kochen lassen. Dabei den
entstehenden Schaum abschöpfen.
Die Gelierprobe machen.

4. Das Gelee heiß in die sterilisierten
Gläser füllen, diese fest verschließen und abkühlen lassen.

Tipp

Johannisbeergelee kann mit einem kleinen Schuss Sherry oder rotem Portwein
verfeinert werden. Dazu werden 125 ml
gegen Ende der Kochzeit eingerührt.

Stachelbeer-Rosenblüten-Gelee

Zutaten: für ca. 🫙🫙 à 250 ml

800 g grüne Stachelbeeren
2 Handvoll rosa Rosenblütenblätter,
  unbehandelt
200 ml trockener Weißwein
Saft von 1 Zitrone
klarer Apfelsaft nach Bedarf
500 g Gelierzucker 1:1

Zubereitung:

1. Die Stachelbeeren waschen, putzen und in einen großen Topf geben. Die Rosenblütenblätter dazugeben und beides mit einem Stampfer andrücken.

2. Den Wein und den Zitronensaft hinzufügen und die Mischung unter gelegentlichem Umrühren aufkochen. Etwa 10 Minuten bei geringer Hitze köcheln lassen. Den Sud etwas abkühlen lassen.

3. Ein Sieb mit einem Mulltuch auslegen und auf eine große Schüssel stellen. Den Sud über dem Sieb abschütten und in der Schüssel auffangen. Die Stachelbeeren über Nacht abtropfen lassen.

4. Am nächsten Tag das Tuch an den Ecken zusammennehmen und den Inhalt über der Schüssel ausdrücken.

5. Die erhaltene Menge an Saft abmessen. Falls nötig mit Apfelsaft auf 500 ml auffüllen.

6. Die Saftmischung in einen Topf geben und den Zucker hinzufügen. Unter ständigem Rühren aufkochen und ca. 4 Minuten sprudelnd kochen lassen. Dabei den entstehenden Schaum immer wieder mit einem Schaumlöffel abschöpfen. Die Gelierprobe machen.

7. Das fertige Gelee noch heiß in die sterilisierten Gläser füllen, diese fest verschließen und abkühlen lassen.

Rosengelee
mit Rosenblüten

Zutaten: für ca.  à 250 ml

2 Handvoll Rosenblütenblätter, frisch geerntet
und unbehandelt
250 ml Weißwein
250 ml Apfelsaft
300 g Gelierzucker 2:1
2 EL getrocknete Rosenblütenblätter

Zubereitung:

1. Die frischen Rosenblätter in Streifen schneiden.
Mit dem Wein und dem Saft übergießen und
zugedeckt 48 Stunden ziehen lassen. Durch ein
feines Sieb abgießen, ausdrücken und die Flüssigkeit mit dem Zucker und den getrockneten
Rosenblütenblättern mischen.

2. Aufkochen, unter Rühren etwa 4 Minuten sprudelnd kochen lassen und den dabei eventuell
entstehenden Schaum mit einem Schaumlöffel
abschöpfen. Die Gelierprobe machen.

3. Das fertige Gelee in die sterilisierten Gläser
füllen, diese fest verschließen und abkühlen
lassen.

Tipp

Alle duftenden und gut schme-
ckenden Rosenblätter sind für
das Gelee geeignet. Kosten Sie
zuvor ein Rosenblatt!

Himbeer-sirup

Zutaten: für ca. à 250 ml

500 g Himbeeren
300 g Zucker
2 EL Zitronensaft
5 g Zitronensäure

Zubereitung:

1. Die Himbeeren verlesen, waschen und abtropfen lassen.

2. Die Himbeeren in einen Topf geben und mit einem Kartoffelstampfer zerstampfen. Den Zucker, den Zitronensaft, die Zitronensäure sowie 100 ml Wasser dazugeben und alles gut verrühren.

3. Zum Kochen bringen und 30 Minuten einkochen lassen. Dann durch ein feines Sieb streichen. Ein nasses Mulltuch in das Sieb legen und den Sirup damit filtern.

4. Den gefilterten Sirup nochmals aufkochen und mithilfe eines Trichters in die sterilisierten Flaschen füllen. Sofort verschließen und abkühlen lassen.

Himbeer-Rotwein-Sirup

500 g Himbeeren 3–4 Tage in 500 ml Rotwein einlegen. Ein Sieb mit einem Mulltuch auslegen und auf eine große Schüssel stellen. Den Rotwein über dem Sieb abschütten. Das Tuch an den Enden zusammennehmen und den Inhalt über der Schüssel ausdrücken. Die Flüssigkeit dann mit 1 kg Zucker aufkochen und noch heiß in sterilisierte Flaschen füllen. Ergibt ca. 2 Flaschen à 250 ml.

Brombeer-sirup

Zutaten: für ca. à 250 ml

1 kg Brombeeren
300 g Zucker
2 EL Zitronensaft
5 g Zitronensäure

Zubereitung:

1. Die Brombeeren waschen und verlesen.

2. Die Brombeeren mit 100 ml Wasser in einen Topf geben. Den Zucker, den Zitronensaft und die Zitronensäure hinzufügen und alles gut verrühren.

3. Zum Kochen bringen und 30 Minuten einkochen lassen. Dann durch ein feines Sieb streichen. Ein nasses Mulltuch in das Sieb legen und den Sirup damit filtern.

4. Den gefilterten Sirup nochmals aufkochen und mithilfe eines Trichters in die sterilisierten Flaschen füllen. Sofort verschließen und abkühlen lassen.

Brombeer-Caipirinha

10 Brombeeren und 1 Limette waschen und trocknen. Die Limette in Stücke schneiden und mit den Brombeeren in ein Glas geben. Alles mit einem Holzstößel andrücken und mit 1 EL Rohrzucker bestreuen. Zerstoßenes Eis auf die Mischung geben und nach Belieben mit Cachaça (maximal 5 cl) und 3 EL Brombeersirup auffüllen.

Quitten-sirup

Zutaten: für ca. 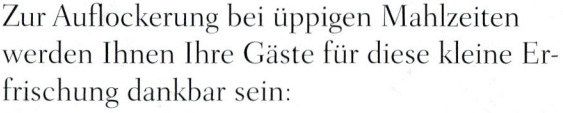 à 500 ml

2,5 kg reife Quitten
500 g Zucker
50 ml Zitronensaft
1 Zimtstange
1–2 Sternanis

Zubereitung:

1. Die Quitten schälen und in Achtel schneiden. Die Blüten, das Kerngehäuse und den Stiel entfernen.

2. Das Fruchtfleisch mit 1 ½ l kaltem Wasser, 100 g Zucker, dem Zitronensaft, der Zimtstange und dem Sternanis bei mittlerer Hitze langsam zum Kochen bringen. Die Hitze reduzieren und die Früchte ca. 1 Stunde sanft köcheln lassen.

3. Ein sauberes Mulltuch in ein Sieb legen und die Quitten mit der Flüssigkeit hineinschütten, dabei den Saft in einem Topf auffangen. Die Quitten etwas abkühlen lassen und die Reste dann im Tuch ausdrücken.

4. Den Quittensaft erneut aufkochen und dann mit dem restlichen Zucker mischen. Ein weiteres Mal aufkochen und siedend heiß in vorgewärmte sterilisierte Flaschen abfüllen. Gut verschließen und kühl lagern.

Interessant

Die Quitte ist der eigentliche Namensgeber für den Begriff „Marmelade", von portugiesisch *marmelo* für „Quitte". Ihre ursprüngliche Heimat liegt im Kaukasus, wo sie bereits vor 4000 Jahren angebaut wurde. In Mitteleuropa geht der erste Anbau bis ins 9. Jahrhundert zurück. Vor der Verarbeitung muss der Flaum auf der Quittenschale abgerieben werden. Er dient als Schutz vor Schädlingsbefall und Witterungseinflüssen.

Quitten-Intermezzo

Zur Auflockerung bei üppigen Mahlzeiten werden Ihnen Ihre Gäste für diese kleine Erfrischung dankbar sein:

500 ml Weißwein oder Sekt mit 100 ml Quittensirup in einer Edelstahlschüssel mischen. In das Tiefkühlfach stellen und jede Stunde durchrühren, bis eine gleichmäßig gefrorene Masse entstanden ist. Der Gefriervorgang ist nach ca. 4 Stunden abgeschlossen. Die Schüssel herausnehmen, etwas antauen lassen, dann mit dem Pürierstab zu einer geschmeidigen Masse verarbeiten. Das Dessert mit einem Eisportionierer zu Kugeln formen und servieren.

Holunderblüten- sirup

Zutaten: für ca. 8 ×  à 500 ml

ca. 40 Holunderblütendolden
4 kg Zucker
1 Zitrone, unbehandelt
100 g Zitronensäure

Zubereitung:

1. Die Holunderblütendolden aus-
schütteln, damit eventuell vor-
handenes Ungeziefer abfällt.

2. 4 l Wasser abkochen und abkühlen lassen. In einen sauberen Ei-
mer schütten und den Zucker darin auflösen, sobald das Wasser
nur noch lauwarm ist.

3. Die Zitrone abwaschen und in
Scheiben schneiden. Die Zitronenscheiben ins Zuckerwasser
geben und die Zitronensäure hinzufügen. Die Holunderblütendolden einlegen und die Flüssigkeit
abgedeckt 5–6 Tage an einem
kühlen Ort stehen lassen. 2-mal
am Tag umrühren.

4. Den Sirup durch ein Sieb in einen
Topf schütten und nochmals aufkochen lassen. Noch heiß in die
sterilisierten Flaschen füllen und
sofort verschließen.

Holunderblüten-Rosen-Trunk

Für ca. 2 Flaschen
à 500 ml

Zutaten:
ca. 10 Holunderblütendolden
1 Zitrone, unbehandelt
500 g Zucker
10 g Zitronensäure

Außerdem:
Rosenblütenwasser
Rosenblütenblätter,
unbehandelt

1. Die Holunderblüten nicht waschen, sondern nur schütteln und verlesen.

2. Die Zitrone abwaschen und in Scheiben schneiden. Den Zucker mit 1 l Wasser vermischen und unter Rühren aufkochen lassen. Ca. 10 Minuten kochen und anschließend abkühlen.

3. Die Holunderblüten und Zitronenscheiben zugeben und die Mischung in einen großen Topf füllen. Abgedeckt etwa zwei Tage ziehen lassen. Dann durch ein Mulltuch gießen und mit der Zitronensäure unter Rühren aufkochen lassen.

4. Noch heiß in die sterilisierten Flaschen füllen, abkühlen lassen und sofort verschließen.

5. Zum Trinken mit kaltem Mineralwasser nach Geschmack verdünnen. Etwas Rosenblütenwasser dazugeben und mit Rosenblütenblättern garniert in Gläsern servieren.

Holunder-sirup

Zutaten: für ca. à 500 ml

400 g Holunderbeeren
Apfelsaft, klar (nach Bedarf)
500 g Zucker

Zubereitung:

1. Die Holunderbeeren waschen, abstreifen, verlesen und mit 1,5 l Wasser bedeckt aufkochen lassen. Etwa 15 Minuten bei geringer Hitze köcheln lassen. Ein Sieb mit einem Tuch auslegen und auf einen großen Topf stellen. Den Saft abgießen. Möglichst über Nacht abtropfen lassen und nicht ausdrücken.

2. Den Saft mit Apfelsaft auf 1 l auffüllen und den Zucker einrühren. Aufkochen und ca. 5 Minuten kochen lassen. Noch heiß in sterilisierte Flaschen füllen, gut verschließen und abkühlen lassen.

Holunder-Limetten-Sekt

Dieser Drink passt zu jeder Jahreszeit: Im Sommer ist er erfrischend, im Winter erweckt er durch seine warme Fruchtigkeit die Erinnerung an sonnige Tage. Füllen Sie 1 EL Holundersirup in ein Sektglas und geben Sie 1 EL Limettensaft dazu. Gießen Sie mit Sekt oder Prosecco auf und garnieren Sie mit einer Scheibe Limette.

Waldmeister-sirup

Zutaten: für ca.  à 500 ml

1 kg Zucker
50 g Zitronensäure
1 Bund Waldmeister, frisch gepflückt
grüne Lebensmittelfarbe

Zubereitung:

1. Den Zucker in 2 l Wasser einrühren und köcheln lassen, bis die Lösung klar ist.

2. Die Zitronensäure hinzufügen und abkühlen lassen.

3. Den Waldmeister waschen und in den lauwarmen Sud einlegen. Im Kühlschrank 3 Tage ziehen lassen.

4. Den Waldmeister aus dem Sud nehmen, den Sud filtern und mit ein paar Tropfen grüner Lebensmittelfarbe nach Belieben färben. Den Sirup nochmals aufkochen lassen, heiß in die sterilisierten Flaschen füllen und diese sofort verschließen.

Waldmeistergelee

Für ca. 6 Gläser à 250 ml

Zutaten:

1 Bund Waldmeister, gesammelt vor der Blüte
500 ml lieblicher Weißwein
500 ml weißer Traubensaft
1 Limette, unbehandelt
1 kg Gelierzucker 2:1

Den Waldmeister etwas anwelken lassen, andrücken und grob schneiden. In einen emaillierten Topf geben und mit dem Wein begießen. 12 Stunden ziehen lassen, dann durch ein Sieb schütten. Den Saft zum Kochen bringen. Die Schale der gewaschenen Limette spiralförmig abschneiden und den Saft auspressen. Saft und Schale in den Topf geben. Den Gelierzucker einrühren und den Waldmeistersud hinzufügen. Alles ca. 4 Minuten kochen lassen. Die Gelierprobe machen. Das heiße Gelee in die sterilisierten Gläser füllen und diese fest verschließen.

Eingelegte Pfirsiche
mit Mandeln

Zutaten: für ca.  à 500 ml

1 kg reife Pfirsiche
1 Zitrone, unbehandelt
150 g Mandeln, gehackt und blanchiert
250 ml trockener Weißwein

250 ml Apfelsaft
2 EL Rum oder Orangenlikör
100 g Zucker, je nach Süße der Früchte

Zubereitung:

1. Die Pfirsiche mit heißem Wasser überbrühen, abschrecken und die Haut abziehen. Die Früchte halbieren, den Stein
   entfernen und das Fruchtfleisch in breite Spalten schneiden.

2. Die Schale der Zitrone abreiben und den
   Saft auspressen. Den Wein und den Apfelsaft mit 2 EL Zitronensaft, dem Rum,
   der Zitronenschale und dem Zucker aufkochen. Die Pfirsiche in den heißen Sud
   geben und darin bissfest pochieren.

3. Die Pfirsiche mit den Mandeln in sterilisierte Gläser füllen. Den Sud nochmals
   aufkochen und heiß über die Früchte in
   den Gläsern geben. Diese fest verschließen und vor dem Verzehr mindestens
   6 Stunden ziehen lassen.

Eingelegte Äpfel mit Vanille und Honig

Zutaten: für 4 Portionen
oder ca.  à 500 ml

750 g rote Äpfel
250 ml Apfelsaft
250 ml Roséwein
2–3 EL Zitronensaft
2–3 EL Honig
2 Zimtstangen
1–2 Sternanis
1 Gewürznelke
1 Stück frischer Ingwer, geschält
Mark von 1 Vanilleschote

Zubereitung:

1. Die Äpfel waschen, achteln und das Kerngehäuse entfernen. Den Apfelsaft mit dem Wein, dem Zitronensaft und dem Honig mischen, die Gewürze dazugeben und alles aufkochen.

2. Die Äpfel einlegen und darin bissfest garen. In eine Schüssel umfüllen und zugedeckt auskühlen lassen. Mindestens 12 Stunden ziehen lassen. Zum Servieren die Gewürze entfernen.

3. Zum Einmachen die Äpfel in sterilisierte Gläser füllen und mit dem heißen Sud übergießen. Sofort verschließen und abkühlen lassen.

Pfirsiche
in Tee eingelegt

Zutaten: für ca. à 500 ml

6 Pfirsiche
2 EL grüner Tee
250 ml Weißwein
2 EL Zitronensaft
3 EL Blütenhonig
1 Vanilleschote
1 Zimtstange

Zubereitung:

1. Die Pfirsiche waschen, halbieren und den Stein entfernen.

2. 250 ml Wasser zum Kochen bringen und kurz abkühlen lassen. Den Tee damit aufbrühen, 3–4 Minuten ziehen lassen, dann abgießen.

3. Den Tee mit dem Wein, dem Zitronensaft und dem Honig mischen. Das Mark aus der Vanilleschote herauskratzen und Vanillemark, -schote und Zimtstange in die Tee-Wein-Mischung geben. Alles aufkochen.

4. Die Pfirsiche in dem Sud bissfest garen. In ein sterilisiertes Glas geben und mit dem heißen Sud übergießen. Sofort verschließen und abkühlen lassen.

Mostarda di Cremona
– Senffrüchte –

Mostarda di Cremona ist eine besondere Spezialität aus der norditalienischen Stadt Cremona in der Lombardei. Dafür werden Früchte nach Belieben in einen pikant-süßen Sud eingelegt, dem Senfmehl (italienisch *mostarda* = Senf) zugefügt wird. Die Senffrüchte sind als würzige Beilage zu Fleisch, Wild und Käse gedacht, die sie jedoch oft zur Nebensache machen.

Zutaten: für ca. 🏺🏺🏺🏺 à 325 ml

2 frische Feigen
250 g helle Weintrauben
1 Zitrone, unbehandelt
1–2 Zitronen
500 g Äpfel
250 g gelbe Pflaumen
100 ml Essigessenz (25 %)

500 g Zucker
1 EL Senfkörner
2 Sternanis
2 EL Pistazien, geschält
50 g Senfmehl

Zubereitung:

1. Die Feigen waschen, trocknen und in Scheiben schneiden. Die Trauben waschen, halbieren und entkernen. Die unbehandelte Zitrone heiß abwaschen, trocknen und von der Schale 2 schmale, etwa fingerlange Streifen ohne weiße Schalenhaut abschneiden. Die anderen Zitronen mit dem Messer schälen und das Fruchtfleisch filetieren. Dabei die weiße Schalenhaut vollständig entfernen. Die Äpfel schälen, vierteln, das Kerngehäuse entfernen und das Fruchtfleisch in Spalten schneiden. Mit den Zitronenfilets vermischen, damit die Äpfel nicht anlaufen. Die Pflaumen waschen, halbieren, den Stein entfernen und die Pflaumenhälften nochmals halbieren.

2. 750 ml Wasser mit dem Essig, der Zitronenschale und dem Zucker aufkochen. Die Früchte zusammen mit den Senfkörnern, dem Sternanis und den Pistazien in den Sud geben und erhitzen. Anschließend ca. 20 Minuten bei 80 °C ziehen lassen (der Sud darf nicht mehr kochen). Dann das Senfmehl einrühren und heiß in die sterilisierten Gläser füllen. Sofort fest verschließen.

Eingekochte
Heidelbeeren

Zutaten:

ca. 🫙🫙🫙🫙🫙🫙🫙 à 250 ml

1500 g Heidelbeeren
500 g Zucker
1 Zweig Thymian
Saft einer Limette

Zubereitung:

1. Die Heidelbeeren waschen, Blatt-
reste entfernen und die Beeren
verlesen. Gut abtropfen lassen.

2. Die Beeren mit dem Zucker, dem
Thymian und dem Limettensaft in
einen Topf geben und 1 Stunde
ziehen lassen. Die Mischung vor-
sichtig durchrühren und kurz aufkochen.

3. Anschließend den Thymianzweig
entfernen. Die Heidelbeeren in sterilisierte Gläser füllen, diese fest verschließen und abkühlen lassen.

4. Zur längeren Haltbarkeit die Gläser
30 Minuten bei 80 °C im Einkochtopf einkochen.

Interessant

Was gesund ist, kann auch richtig lecker schmecken: Die Heidelbeere ist ein echter Gesundheitsstar unter den Wildpflanzen. Ihre Früchte enthalten Karotene, die das Immunsystem stärken und die Körperzellen gegen die schädigende Wirkung von freien Radikalen und Bakterien schützen. Sie verfügen zudem über viel Vitamin C, das den Körper bei Erkältungskrankheiten, Infektionen und in Stresssituationen unterstützt. Außerdem enthält die Heidelbeere Myrtillin, ein natürliches Antibiotikum. Es macht obendrein die Blutgefäße geschmeidig und sorgt für eine gute Blutbildung. Aufgüsse aus den Blättern gelten als bewährtes Hausmittel bei Magen-Darm-Beschwerden, Rheuma, Gicht und Zahnfleischproblemen. Ferner stärken die Blätter die Blase und entlasten aufgrund des darin enthaltenen blutzuckersenkenden Glukochinons die Bauchspeicheldrüse.

Eingemachte *Birnen*

Zutaten: für ca.  à 500 ml

2 kg reife Birnen
Saft von 1 Zitrone
300 ml trockener Weißwein
400 g Zucker
4 Zimtstangen
8 Gewürznelken

Zubereitung:

1. Die Birnen schälen, vierteln und das Kerngehäuse entfernen. Die Birnen mit Wasser bedecken und einige Spritzer Zitronensaft dazugeben, damit sie nicht braun werden.

2. Den Weißwein mit 1 l Wasser vermischen, dann den Zucker, den restlichen Zitronensaft und die Gewürze hinzufügen und aufkochen. Die Birnen abtropfen lassen, in die Wein-Wasser-Mischung geben und aufkochen. Sofort in die sterilisierten Gläser füllen, dabei vollkommen mit dem Sud bedecken.

3. Die Gläser gleich verschließen und abkühlen lassen.

4. Zur längeren Haltbarkeit die Gläser bei 80 °C 30 Minuten im Einkochtopf einkochen.

Eingelegter *Rhabarber* mit Gewürzen

Zutaten: für ca.  à 750 ml

500 ml trockener Weißwein
400 g Zucker
1 EL Ingwer, frisch gerieben
1 TL abgeriebene Zitronenschale

1 Zimtstange
8 Gewürznelken
1 Msp. Muskat
1500 g Rhabarber

Zubereitung:

1. Den Wein mit 500 ml Wasser und dem Zucker langsam zum Kochen bringen, dabei ab und zu umrühren. Den Ingwer mit der abgeriebenen Zitronenschale, der Zimtstange, den Nelken und dem Muskat zugeben.

2. Den Rhabarber waschen, schälen und in 2–3 cm lange Stücke schneiden. In das Zuckerwasser geben, einmal aufkochen lassen, dann mit einem Schaumlöffel herausheben und in die sterilisierten Gläser füllen.

3. Den Sud weitere 15–20 Minuten bei geringer Hitze sirupartig einköcheln lassen und dann heiß über den Rhabarber gießen, sodass dieser völlig bedeckt ist. Die Gläser gut verschließen und abkühlen lassen.

4. Zur längeren Haltbarkeit die Gläser 30 Minuten bei 80 °C im Einkochtopf einkochen.

Eingemachte
Kirschen

Zutaten: für ca. 🫙🫙🫙🫙 à 500 ml

3 kg Kirschen, entsteint
300 g Zucker

Zubereitung:

1. Die gewaschenen und entsteinten Kirschen in einem Topf mit dem Zucker vermischen. Die Früchte 1 Stunde stehen lassen, damit sie Saft ziehen.

2. Die Kirschen aufkochen und heiß in die sterilisierten Gläser füllen. Diese sofort verschließen und abkühlen lassen.

3. Zur längeren Haltbarkeit die Gläser 30 Minuten bei 80 °C im Einkochtopf einkochen.

Süß-sauer eingelegte Kirschen

Für ca. 4 Gläser à 250 ml

Zutaten:

1,5 kg Kirschen, entsteint	720 ml Rotweinessig
4 Zimtstangen	400 g brauner Zucker
4 Gewürznelken	½ TL Muskat, gemahlen

Die gewaschenen und entsteinten Kirschen in die sterilisierten Gläser füllen. In jedes Glas jeweils 1 Zimtstange sowie 1 Gewürznelke geben. Den Essig erhitzen und den Zucker darin auflösen. Muskat zugeben und verrühren. Solle der Sud für Ihren Geschmack zu sauer sein, kann er mit etwas Wasser verdünnt werden. Die Lösung kurz aufkochen und heiß über die Kirschen geben. Die Gläser fest verschließen und abkühlen lassen. Vor dem Verzehr die Kirschen ca. 3 Tage ziehen lassen.

Süß-sauer eingelegte Kirschen sind eine Delikatesse zu Wildschwein- oder Rinderbraten. Sie können ebenso zu kalten Fleischgerichten oder herzhaften Käseplatten gereicht werden.

Tipp

Die süß-sauren Brombeeren
sind eine leckere Beilage zu
Fleisch und Fisch!

Süß-saure *Brombeeren*

Zutaten: für ca. 🫙🫙🫙🫙🫙 à 250 ml

1 kg Brombeeren
2 cm frischer Ingwer
400 ml Weißweinessig

500 g Zucker
3 Nelken
1 TL Korianderkörner
1 Stange Zimt, zerkleinert

Zubereitung:

1. Die Brombeeren waschen, verlesen und putzen.

2. Den Ingwer schälen und in Streifen schneiden.
Den Essig mit dem Zucker, den Nelken, dem
Ingwer, dem Koriander und dem Zimt aufko-
chen und ca. 2 Minuten kochen lassen. Die

Brombeeren dazugeben und aufkochen. Sofort
in die sterilisierten Gläser füllen und abkühlen
lassen.

3. Zur längeren Haltbarkeit die Gläser bei 75 °C
30 Minuten im Einkochtopf einkochen.

Eingelegter *Rosenkohl*

Zubereitung:

1. Den Rosenkohl waschen und putzen.
2. In einem Topf mit kaltem Wasser zum Kochen bringen, 1 TL Salz dazugeben. Den Rosenkohl 8–10 Minuten kochen lassen und abgießen.
3. Den Essig mit 500 ml Wasser mischen, den Zucker sowie 2 EL Salz dazugeben und alles aufkochen lassen.
4. Zwiebel und Knoblauch abziehen, die Zwiebel in 4 Spalten schneiden. Die sterilisierten Gläser mit dem Rosenkohl und den Gewürzen befüllen sowie jeweils 1 Zwiebelspalte und 1 Knoblauchzehe dazugeben. Mit dem heißen Sud begießen und die Gläser sofort verschließen.
5. Wenn Sie den Rosenkohl länger lagern möchten, sollten Sie die Gläser 90 Minuten im Einkochtopf bei 100 °C einkochen.

Zutaten: für ca. 4 à 300 ml

750 g Rosenkohl	4 Nelken
200 ml Weißweinessig	4 Lorbeerblätter
5 EL Zucker	2 TL Pfefferkörner
1 Zwiebel	8 Pimentkörner
4 Knoblauchzehen	Salz

Eingelegter *Paprika*

Zutaten: für ca. 4 à 300 ml

8 rote Paprika	20 Pfefferkörner
1 Zwiebel	4 Lorbeerblätter
4 Knoblauchzehen	4 Zweige Dill
200 ml Weißweinessig	Salz

Zubereitung:

1. Die Paprika waschen, halbieren und die Kerne entfernen.
2. In 1,5 cm breite Streifen schneiden und diese in der Mitte auseinanderschneiden.
3. Die Zwiebel und den Knoblauch abziehen, die Zwiebel in 4 Spalten schneiden.
4. Den Essig mit 500 ml Wasser und 1 EL Salz aufkochen.
5. Die Paprika mit den Gewürzen in die sterilisierten Gläser füllen, mit dem heißen Sud begießen und sofort verschließen.
6. An einem kühlen Ort vor dem Verzehr 2 Wochen ziehen lassen.
7. Wenn Sie die Paprika länger lagern möchten, sollten Sie die Gläser 60 Minuten im Einkochtopf bei 100 °C einkochen.

Eingemachte *Gurken*

Zutaten: für ca.  à 1 l

2 kg Einlegegurken von möglichst
  gleicher Größe
1 Bund Dill
1 TL weiße Pfefferkörner
1 TL Pimentkörner
1 EL Senfkörner
3 Schalotten
750 ml Weinessig
100 g Zucker
Salz

Zubereitung:

1. Die Gurken gut waschen und mehrmals mit einer Nadel einstechen. In eine Schüssel geben, mit 30 g Salz bestreuen und mit Wasser begießen, sodass die Gurken bedeckt sind. Etwa 24 Stunden ziehen lassen.

2. Das Salzwasser abgießen, die Gurken waschen und trocken tupfen. Den Dill waschen, trocknen und grob zerteilen. Die Gurken in die sterilisierten Gläser schichten und die Gewürze mit dem Dill dazugeben.

3. Die Schalotten abziehen und in feine Ringe schneiden. Auf den Gurken verteilen.

4. Den Essig mit 750 ml Wasser und dem Zucker aufkochen und heiß über die Gurken gießen. Die Gläser sofort fest verschließen und kühl aufbewahren. Vor dem Verzehr 4–6 Wochen durchziehen lassen.

5. Zur längeren Haltbarkeit die Gläser 30 Minuten bei 80 °C einkochen.

Eingemachtes
Sauerkraut

Durch Milchsäuregärung wird aus Weißkohl eine gesunde Köstlichkeit, deren Herstellung allerdings recht arbeits- und zeitintensiv ist.

Zutaten: für 1 Gärtopf mit ca. 5 l Inhalt

5 kg Weißkohl
2 säuerliche Äpfel
50 g Salz
4 frische Lorbeerblätter
1 EL Wacholderbeeren
1 TL Kümmel

Zubereitung:

1. Den Kohl putzen, einige schöne äußere Blätter zum Abdecken beiseitelegen.

2. Die Köpfe vierteln, den harten Strunk herausschneiden und die Viertel fein hobeln. Die Äpfel schälen, vierteln, das Kerngehäuse entfernen und die Viertel in feine Scheiben schneiden.

3. Den Kohl etwa 3 cm hoch in den vorbereiteten Gärtopf füllen und stampfen, bis Saft austritt. Einige Apfelstücke daraufgeben.

4. Das Salz mit den Lorbeerblättern, dem Wacholder und dem Kümmel vermengen und ein wenig von der Gewürzmischung auf die Äpfel streuen. Mit einer weiteren Schicht Kraut fortfahren und stampfen.

5. Auf diese Weise alle Zutaten einschichten und stampfen. Dabei sollte so viel Saft ausgetreten sein, dass alles bedeckt ist.

6. Die beiseitegelegten Kohlblätter abbrausen, abtropfen lassen und das Kraut damit bedecken.

7. Einen Deckel oder Teller auf das Kraut legen und mit einem Stein oder Gewicht beschweren. Mit einem Tuch abgedeckt kühl und dunkel 2–3 Tage stehen lassen, bis sich Schaum gebildet hat. Diesen abschöpfen. Nach ca. 1 Woche erneut den Schaum abschöpfen, danach jeden zweiten Tag; dabei jeweils auch den Deckel oder Teller abwaschen.

8. Das Sauerkraut ist fertig, wenn sich kein Schaum mehr bildet (nach ca. 30 Tagen). Es kann entweder im Gärtopf oder in sterilisierten Schraubgläsern aufbewahrt werden.

Eingelegte Rote Bete

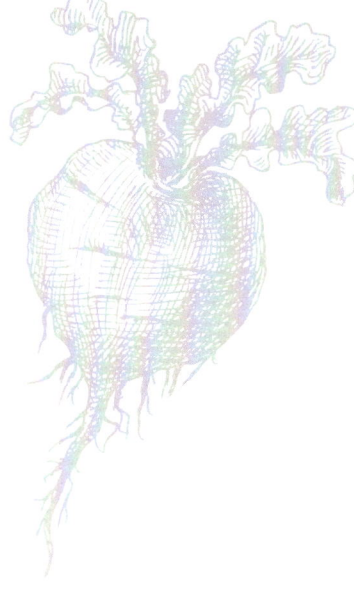

Zutaten: für ca.  à 300 ml

600 g Rote Bete
200 g Wirsing
1 Stück frischer Ingwer (ca. 5 cm)
1 Stück Meerrettichwurzel (ca. 4 cm)
1 frische Chili

400 ml Apfelessig
60 g Zucker
1 Zimtstange
2 säuerliche Äpfel
Salz

Zubereitung:

1. Die Rote Bete waschen und ca. 40 Minuten gar dämpfen. Schälen, abkühlen lassen und in feine Streifen schneiden oder hobeln. Den Wirsing waschen, putzen, ebenfalls in feine Streifen schneiden und 2–3 Minuten in Salzwasser blanchieren. Abschrecken und abtropfen lassen.

2. Den Ingwer und den Meerrettich schälen und fein hacken. Die Chili halbieren, entkernen und in feine Streifen schneiden. 500 ml Wasser mit dem Essig, dem Zucker, dem Zimt, dem Meerrettich, dem Ingwer und der Chili aufkochen und ca. 5 Minuten kochen lassen.

3. Die Äpfel schälen, halbieren, entkernen und fein reiben.

4. Die Rote Bete, die Äpfel und den Wirsing in die heiße Flüssigkeit geben, nochmals kurz aufkochen und anschließend in die sterilisierten Schraubdeckelgläser füllen. Die Gläser gut verschließen und vor dem Verzehr mindestens 3 Tage durchziehen lassen.

5. Zur längeren Haltbarkeit die Gläser 30 Minuten bei 100 °C im Einkochtopf einkochen.

Eingelegte Kräuter-Zucchini

Zutaten: für ca.  à 500 ml

1 kg Zucchini
3 – 4 Zweige Rosmarin
ca. 400 ml Olivenöl Extra Vergine
Salz

Zubereitung:

1. Die Zucchini waschen, putzen und in Scheiben schneiden. In Salzwasser kurz blanchieren. Abschrecken, gut abtropfen lassen und in die sterilisierten Gläser füllen.

2. Den Rosmarin abzupfen und in der Hälfte des Öls erwärmen. Über die Zucchini gießen und mit dem restlichen Öl auffüllen, sodass alles gut bedeckt ist. Die Gläser fest verschließen und kühl und dunkel lagern. Vor dem Verzehr mindestens 2 Tage ziehen lassen.

Eingelegter *Fenchel*

Zutaten: für ca. 🫙🫙 à 500 ml

4 – 6 Fenchelknollen
100 ml trockener Weißwein
400 ml Weißweinessig
150 g Zucker
1 TL rosa Pfeffer
1 TL Fenchelsamen
2 Lorbeerblätter
Salz

Zubereitung:

1. Den Fenchel waschen, putzen und in Spalten schneiden. In Salzwasser ca. 5 Minuten blanchieren, sodass der Fenchel noch bissfest ist. Abtropfen lassen und in die sterilisierten Gläser füllen.

2. Den Wein mit dem Essig, 250 ml Wasser, dem Zucker, 2 EL Salz, dem rosa Pfeffer, den Fenchelsamen und den Lorbeerblättern aufkochen. Den Sud kochen, bis sich der Zucker und das Salz gelöst haben.

3. Den heißen Sud in die Gläser gießen und den Fenchel damit bedecken. Die Gläser noch heiß verschließen und abkühlen lassen.

Fenchel als Aphrodisiakum

Fenchel galt schon in der Antike als Aphrodisiakum. Zurückzuführen ist diese Wirkung auf die hormonähnliche Substanz Estragol, die im Fenchel enthalten ist. Außerdem lindert der Verzehr von frischem Fenchelgemüse Blasenbeschwerden und stärkt die Prostata.

Caponata

Die *Caponata* ist eine eingelegte Gemüse-
spezialität aus Sizilien. Sie wird als Vorspeise
gereicht oder als Beilage zu Nudel- oder
Fleischgerichten serviert.

Zutaten: für ca.  à 500 ml

2 Auberginen
2 gelbe Paprikaschoten
1 Selleriestange
2 Zwiebeln
8 Tomaten
2 EL Olivenöl Extra Vergine
50 g schwarze Oliven, entsteint
1 TL Kapern
weißer Balsamico
1 Prise Zucker
weißer Pfeffer,
    frisch gemahlen
1 Bund Basilikum,
    grob gehackt
Salz

Zubereitung:

1. Die Auberginen waschen, putzen und grob würfeln. Die Paprikaschoten waschen, halbieren, putzen und in Stücke schneiden. Den Sellerie waschen, putzen und in Scheiben schneiden. Die Zwiebeln abziehen und würfeln. Die Tomaten heiß überbrühen, abschrecken, häuten, vierteln und entkernen.

2. Zuerst die Auberginen im heißen Öl leicht bräunen, dann die Paprika, die Zwiebel und den Sellerie zugeben. Salz und Pfeffer zufügen und zugedeckt unter gelegentlichem Rühren ca.

10 Minuten schmoren lassen, sodass das Gemüse noch bissfest ist.

3. Die Oliven hacken und mit den Tomaten und den Kapern dazugeben. Die Mischung weitere 5 Minuten im geöffneten Topf ziehen lassen.

4. Mit Balsamico, Zucker, Salz und Pfeffer abschmecken. Zum Schluss das Basilikum untermengen und in die sterilisierten Gläser füllen. Gut verschlossen abkühlen lassen.

Mixed *Pickles*

Zutaten: für ca. 🫙🫙🫙🫙🫙 à 750 ml

2 Zucchini
400 g Blumenkohl
4 Möhren
400 g Schalotten
4 Paprikaschoten, gelb und rot
Salz
100 g Rohrzucker
750 ml Kräuteressig
2 TL Senfkörner
1 Lorbeerblatt

Zubereitung:

1. Das Gemüse waschen bzw. schälen und putzen. In etwa gleich große Stücke bzw. Scheiben schneiden und alles ca. 5 Minuten in kochendem Salzwasser blanchieren.

2. Durch ein Sieb gießen, das Kochwasser auffangen und das Gemüse in eiskaltem Wasser abschrecken und abtropfen lassen. Das Kochwasser auf ca. 1 l mit Wasser auffüllen. 50 g Salz, den Zucker und den Essig hineingeben, alles auflösen und aufkochen lassen.

3. Die Gewürze in die sterilisierten Gläser geben und das Gemüse einfüllen. Dabei ca. 2 cm Platz zum Deckelrand lassen und das heiße Kochwasser angießen. Die Gläser sofort verschließen und abkühlen lassen. Kühl und dunkel lagern.

4. Zur längeren Haltbarkeit kann das Gemüse auch in sterilisierte Einmachgläser gefüllt und bei 90 °C 30 Minuten eingekocht werden.

Eingelegte Bohnen
mit Zwiebeln und Knoblauch

Zutaten: für ca. 🫙🫙 à 500 ml

1 kg gelbe Bohnen
2 kleine Zwiebeln
4 – 6 Knoblauchzehen
300 ml Weißweinessig

1 EL Zucker
1 EL Senfkörner
1 TL Pfefferkörner
2 EL frisches Bohnenkraut, gehackt
Salz

Zubereitung:

1. Die Bohnen waschen, putzen, halbieren oder dritteln und in Salzwasser ca. 8 Minuten bissfest blanchieren.

2. Die Zwiebeln abziehen und in Spalten schneiden. Den Knoblauch abziehen und mit den Zwiebeln und den Bohnen die letzten ca. 2 Minuten blanchieren.

3. Alles gut abtropfen lassen und in die sterilisierten Gläser füllen. Für den Sud 300 ml Wasser mit 1 EL Salz, dem Essig, dem Zucker, den Senfkörnern und dem Pfeffer aufkochen. Das Bohnenkraut waschen, grob hacken und dazugeben. Den heißen Sud über die Bohnen gießen, bis diese bedeckt sind. Sofort fest verschließen und abkühlen lassen.

4. Für längere Haltbarkeit die Gläser 90 Minuten bei 100 °C im Einkochtopf einkochen.

Eingelegte *weiße Bohnen* mit Paprika

Zutaten: für ca.  à 400 ml

800 g weiße dicke Bohnen, getrocknet
1 Lorbeerblatt
4 Paprikaschoten, rot und gelb
2 Knoblauchzehen
1 Stängel Salbei
4–6 Sardellenfilets
ca. 1 l Olivenöl Extra Vergine
Pfeffer, frisch gemahlen
Salz

Zubereitung:

1. Die Bohnen über Nacht einweichen. Anschließend abgießen, in einen Topf geben und mit Wasser bedecken. Ein Lorbeerblatt hinzufügen und ca. 40 Minuten köcheln lassen.

2. Die Paprikaschoten waschen, halbieren, putzen und in Streifen schneiden. Den Knoblauch abziehen und in Scheiben schneiden. Zusammen mit dem Paprika in 4–5 EL heißem Öl ca. 5 Minuten braten. Mit Salz und Pfeffer kräftig würzen. Die Salbeiblätter abzupfen und zusammen mit den gut abgetropften Bohnen, der Paprikamischung und den Sardellenfilets in die sterilisierten Gläser füllen. Mit Öl auffüllen, fest verschließen und abkühlen lassen.

Eingelegte Zwiebeln

Zutaten: für ca. 🫙🫙 à 1 l

1 kg kleine weiße Zwiebeln
2 – 3 Stängel frischer Dill
500 ml trockener Weißwein
500 ml Obstessig
3 TL Zucker

5 schwarze Pfefferkörner
1 TL Senfkörner
12 Chilischoten, getrocknet
2 Lorbeerblätter
Salz

Zubereitung:

1. Die Zwiebeln abziehen und in die sterilisierten Einmachgläser schichten.

2. Den Dill waschen, trocknen und grob zerteilen. Den Wein mit dem Essig, 3 TL Salz, dem Zucker, den Pfefferkörnern, den Senfkörnern, den Chilischoten und den Lorbeerblättern sowie dem Dill aufkochen und über die Zwiebeln gießen, sodass sie vollständig bedeckt sind.

3. Die Gläser fest verschließen und vor dem Verzehr mindestens zwei Wochen ziehen lassen.

Eingelegte
Auberginen

Zutaten: für ca.  à 250 ml

1 kg Auberginen
ca. 600 ml Olivenöl Extra Vergine
2 EL bunte Pfefferkörner
6–8 frische Lorbeerblätter
6–8 kleine Chilischoten, getrocknet
Salz

Zubereitung:

1. Die Auberginen waschen, die Enden abschneiden und in Scheiben schneiden. Salzen und ca. 10 Minuten Wasser ziehen lassen. Anschließend trocken tupfen.

2. Die Auberginen nach und nach kurz in etwas heißem Olivenöl anbraten und in die sterilisierten Gläser geben. Zwischendurch mit Pfefferkörnern, Lorbeerblättern und Chili bestreuen. Die Gläser zum Schluss mit Olivenöl auffüllen, sodass alles bedeckt ist. Fest verschließen und kühl und dunkel lagern.

Tipp

Auberginen enthalten Vitamin C und Vitamine der B-Gruppe sowie Calcium und Eisen. Man schreibt ihnen eine positive Wirkung bei rheumatischen Erkrankungen und bei Nierenleiden zu. Außerdem sollen sie den Cholesterinspiegel senken.

*Bohnen*chutney

Zutaten: für ca.  à 200–250 ml

1200 g frische grüne Bohnen
2 Zwiebeln
3 Knoblauchzehen
2 EL Pflanzenöl

70 g Zucker
1 EL frisches Bohnenkraut, gehackt
100 ml Weißweinessig
400 ml Gemüsebrühe

Zubereitung:

1. Die Bohnen waschen, putzen und in 2 cm lange Stücke schneiden.

2. Die Zwiebeln und den Knoblauch abziehen und in feine Würfel schneiden. In einem Topf das Öl erhitzen und die Zwiebel- und Knoblauchwürfel 1–2 Minuten glasig anschwitzen.

3. Die Bohnen, den Zucker und das Bohnenkraut zufügen und unter Rühren 2–4 Minuten mitschwitzen. Mit dem Essig und der Brühe ablöschen und weitere 10–15 Minuten bei mittlerer Hitze köcheln lassen.

4. Das Chutney in die sterilisierten Gläser füllen, fest verschließen und kühl stellen.

Tomaten-soße

Zutaten: für ca. à 500 ml

2500 g Tomaten
3 kleine Zwiebeln
4 Knoblauchzehen
5 EL Olivenöl Extra Vergine
2 frische Lorbeerblätter
2 Zweige Thymian
1 Zweig Rosmarin
2 Stängel Oregano
1 Stängel Basilikum
Pfeffer, frisch gemahlen
etwas Zitronensaft
1 Prise Zucker
Salz

Zubereitung:

1. Die Tomaten überbrühen, abschrecken, häuten und in Würfel schneiden. Die Zwiebeln und den Knoblauch schälen und fein würfeln.

2. Das Olivenöl in einem großen Topf leicht erhitzen, Zwiebeln und Knoblauch kurz darin anschwitzen. Die Tomaten zufügen und alles durchrühren. Die Tomatensoße bei mittlerer Hitze ca. 1 Stunde sanft einköcheln lassen, bis sie leicht sämig ist. Währenddessen ab und zu umrühren.

3. Die Kräuter waschen, trocken schütteln, zu einem Sträußchen binden und während der letzten ca. 20 Minuten mitköcheln lassen. Die Tomaten sollten während des Kochvorgangs fein zerfallen. Nach Belieben mit einem Kartoffelstampfer zerdrücken.

4. Die Kräuter wieder entfernen und mit Salz, Pfeffer, Zitronensaft und Zucker abschmecken. Die Tomatensoße kochend heiß in die sterilisierten Flaschen mit Schraubverschluss füllen. Sofort fest verschließen und abkühlen lassen. Kühl und dunkel gelagert ist die Tomatensoße ca. 3 Monate haltbar.

Rotes Zwiebelrelish mit Balsamico

Zutaten: für ca.  à 250 ml

250 g Zwetschgen oder rote Pflaumen
1 kg rote Zwiebeln
2 EL Sonnenblumenöl
1–2 EL Honig
250 ml Rotwein
ca. 75 ml weißer Balsamico
1 TL Senfkörner
1 Msp. Nelkenpulver
1 Msp. Piment
Pfeffer, frisch gemahlen
Salz

Zubereitung:

1. Die Zwetschgen waschen, halbieren, entsteinen und in Spalten schneiden. Die Zwiebeln schälen, in feine Streifen schneiden. Das Öl erhitzen und die Zwiebeln darin 1–2 Minuten anschwitzen.

2. Die Zwetschgen mit dem Honig, dem Wein, dem Balsamico, den Senfkörnern sowie dem Nelkenpulver und dem Piment hinzufügen.

Bei kleiner Hitze ca. 45 Minuten zu einem Relish einköcheln lassen. Nach Bedarf etwas Wasser angießen und gelegentlich umrühren. Mit Salz, Pfeffer und Balsamico abschmecken und in die sterilisierten Gläser füllen. Die Gläser fest verschließen und kühl aufbewahren.

Relish mit Gurken und Senf

Zutaten: für ca.  à 350 ml

500 g Einlegegurken
4 Möhren
200 g Perlzwiebeln
2 Knoblauchzehen

400 ml Weißweinessig
2 EL Senfpulver
100 g brauner Zucker
Salz

Zubereitung:

1. Die Gurken waschen, längs halbieren und in Scheiben schneiden. Die Möhren schälen, längs halbieren und ebenfalls in Scheiben schneiden. Die Zwiebeln und den Knoblauch abziehen, die Zwiebeln halbieren und den Knoblauch in Scheiben schneiden. Alle vorbereiteten Zutaten in einen Topf geben.

2. Den Essig mit 200 ml Wasser, dem Senfpulver und dem Zucker aufkochen lassen. Das Gemüse dazugeben und unter gelegentlichem Rühren etwa 45 Minuten leicht sämig einköcheln lassen. Mit Salz abschmecken und heiß in die sterilisierten Gläser füllen. Sofort fest verschließen und abkühlen lassen. Kühl und dunkel gelagert hält sich das Relish mindestens 6 Monate.

Petersilien-Pesto

Zutaten: für ca. 🫙 à 125–175 ml

1 Bund glatte Petersilie
2 Schalotten
50 ml Traubenkernöl
Pfeffer, frisch gemahlen
1 TL Salz

Zubereitung:

1. Die Petersilie waschen, trocken schütteln, die Blättchen abzupfen und fein wiegen. Die Schalotten abziehen, fein hacken und in 2 El Öl glasig dünsten. Abkühlen lassen.

2. Die Petersilie und die Schalotten mit der Hälfte des Öls pürieren oder im Mörser fein zerreiben.

Das restliche Öl unterrühren und mit Salz und Pfeffer würzen.

3. In ein sterilisiertes Glas füllen und fest verschließen. Das Pesto ist bei einer Lagerung im Kühlschrank ca. 1–2 Wochen haltbar.

Basilikum-Pesto

Zutaten: für ca. 🫙 à 125–175 ml

1 Bund Basilikum
2 Knoblauchzehen
1 EL geröstete Pinienkerne
20 g Parmesan, gerieben
20 g junger Pecorino, gerieben
75 ml Olivenöl Extra Vergine
Pfeffer, frisch gemahlen
Salz

Zubereitung:

1. Das Basilikum waschen, trocken schütteln und die Blättchen abzupfen. Den Knoblauch abziehen. Das Basilikum zusammen mit den Pinienkernen und dem Knoblauch in einem Mörser zerstoßen.

2. Nach und nach 1 TL Salz sowie den Parmesan und den Pecorino einarbeiten. Zum Schluss das Öl löffelweise untermischen. Mit Pfeffer abschmecken.

3. In ein sterilisiertes Glas füllen, mit etwas Olivenöl bedecken und fest verschließen. Das Pesto ist bei einer Lagerung im Kühlschrank ca. 1–2 Wochen haltbar.

Bärlauchöl

Zutaten: für ca. 🍾 à 750 ml

125 g frische Bärlauchblätter
750 ml kalt gepresstes Öl nach Belieben
  (Sonnenblumen-, Distel- oder Olivenöl)

Zubereitung:

1. Den Bärlauch waschen, verlesen, trocken tupfen und in eine saubere und trockene Flasche geben.

2. Das Öl aufgießen, die Flasche verschließen und ca. 2 Wochen ziehen lassen.

3. Dann das Öl durch ein feines Sieb in eine saubere Flasche gießen. Nach Belieben 2–3 saubere und trockene Bärlauchblätter hineingeben. Das Öl ist ca. 4 Wochen haltbar.

Interessant

Haben Sie sich schon einmal gewundert, warum der Bärlauch im Wald meistens fleckenweise anzutreffen ist? Das liegt daran, dass seine Samen durch die Pfoten der Tiere verbreitet werden. Die Samen fallen auf den Boden und bleiben mit Resten von lehmigem Erdreich an den Tierpfoten kleben, die ihn beim Laufen in der näheren Umgebung verteilen. Bärlauchsamen keimen erst nach zwei Jahren. Sie müssen zunächst eine Frostperiode überstanden haben, bevor sie aufgehen können. In der Zwischenzeit vermehrt sich die Pflanze durch ihre Zwiebeln.

Kräuter-*Gewürzöl*

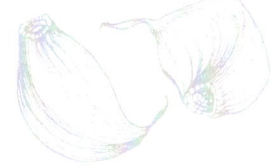

Zutaten: für ca. à 1 l

4 Knoblauchzehen
1 rote Zwiebel
ca. 1 l kalt gepresstes Öl nach Belieben
  (z. B. Sonnenblumen-, Distel- oder Olivenöl)

1 Bund gemischte Kräuter (Basilikum,
  Kerbel, Petersilie)
2 – 3 Stücke Zitronenschale, unbehandelt
2 EL bunte Pfefferkörner

Zubereitung:

1. Den Knoblauch und die Zwiebel abziehen. Den Knoblauch halbieren und die Zwiebel in Streifen schneiden. 4 – 5 EL Öl leicht erhitzen, die Zwiebeln und den Knoblauch 2 – 3 Minuten darin anschwitzen.

2. Die Kräuter waschen und gut trocknen. Grob hacken und mit der Zwiebel und dem Knoblauch, der Zitronenschale und den Pfefferkörnern in sterilisierte Gläser füllen.

3. Das Öl angießen, sodass alle Zutaten vollständig bedeckt sind. Die Gläser verschließen und kühl ca. 2 Wochen ziehen lassen. Ab und zu schütteln.

4. Dann das Öl durch ein feines Sieb in eine saubere Flasche oder mehrere Gläser gießen, diese verschließen und das Gewürzöl kühl und trocken aufbewahren. Vor der ersten Verwendung ca. 2 Wochen ziehen lassen.

Chili öl

Zutaten:

5 – 6 rote Chilischoten, frisch
1 TL grüne Pfefferkörner
1 l Olivenöl, kaltgepresst

Zubereitung:

1. Die Chilischoten heiß überbrühen und mit einer Gabel
mehrmals einstechen. Etwas
trocken tupfen und zusam-
men mit den Pfefferkörnern
in eine saubere und trockene
Flasche füllen.

2. Die Flasche mit Öl auffüllen,
gut verschließen und kühl
und dunkel mindestens eine
Woche ziehen lassen.

--Zitronen-Rosmarin-Öl-----✖--

Zutaten:

½ Zitrone, unbehandelt
3 – 4 Knoblauchzehen
2 Zweige Rosmarin
1 l Olivenöl, kaltgepresst

Zubereitung:

1. Die Zitronenhälfte in Scheiben
schneiden. Den Knoblauch
abziehen. Den Rosmarin-
zweig, die Zitronenscheiben
und die Knoblauchzehen in
eine Flasche geben.

2. Die Flasche mit Öl auffüllen,
gut verschließen und kühl
und dunkel mindestens eine
Woche ziehen lassen.

Kräuter öl

Zutaten:

1 Stängel Salbei
1 Zweig Rosmarin
1 Zweig Thymian
1 Lorbeerblatt
1 l Olivenöl, kaltgepresst

Zubereitung:

1. Für das Kräuteröl die Kräuter
in eine Flasche geben und
mit Olivenöl auffüllen.

2. Die Flasche gut verschließen
und kühl und dunkel mindestens eine Woche ziehen lassen.

Register

© 2013 design cat GmbH

Genehmigte Lizenzausgabe
EDITION XXL GmbH
Fränkisch-Crumbach 2014
www.edition-xxl.de

Idee und Projektleitung:
Sonja Sammüller
Layout, Satz und Umschlag-
gestaltung:
design cat GmbH

ISBN (13)   978-3-89736-173-7
ISBN (10)   3-89736-173-6

Bildnachweis
picture-alliance: StockFood/ACP Ma-
gazines Ltd. 72; StockFood/Arras, K.
40, 48; StockFood/Arras, Klaus 28;
StockFood/BBS 14, 50, 61; Stock-
Food/Brauner, M. 60; StockFood/
Brauner, Michael 55; StockFood/
Cato-Symonds, Shaun 16; Stock-
Food/Chassenet, Jean-Paul 19;
StockFood/Cogliantry, Michael 73;
StockFood/Eising Studio – Food Pho-
to & Video Cover Back, 13, 27, 78;
StockFood/Ellert, L. 9, 67; Stock-
Food/Gerlach, Hans 12, 34; Stock-
Food/Halmos, Monika 23, 66; Stock-
Food/Kirchherr, Jo 64; StockFood/
Kompatscher, Anneliese 39; Stock-
Food/Krieg, Roland Cover Back, 3,
25, 56, 57, 59; StockFood/Lanner-
etonne, Anthony 10, 63; StockFood/
Metz, Simone 32; StockFood/Mewes,

K. 33; StockFood/Mewes, Kai 62;
StockFood/Newedel, Karl 45; Stock-
Food/Polatynska, Beata 68; Stock-
Food/Rees, Peter Cover Back, 15, 17,
35; StockFood/Rivière, Jean-Francois
51; StockFood/Rose, Ludger 21, 29;
StockFood/Rua Castilho 38, 46;
StockFood/Schieren, Bodo A. 76;
StockFood/Schindler, Martina 20, 26;
StockFood/Schmid, Ulrike 44–45;
StockFood/Schwarzwald, Oliver 18;
StockFood/Smend, Maja 34; Stock-
Food/Strauss, F. Cover Back, 22, 41,
43, 52–53, 54, 71, 74–75; Stock-
Food/Teubner Foodfoto GmbH 37,
65, 70; StockFood/Urban, Martina
49; StockFood/Walger, Nadja 36;
StockFood/Wieder, Frank 77; Stock-
Food/Winkelmann, Bernhard 69

Shutterstock: Alice 2–79/Alvaro Ca-
brera Jimenez Vorsatz/ananas 44/An-
drey Zyk 6, 11, 13–18, 22, 24, 27–
28, 30–32, 34–35, 40–43, 45–47,
53, 56, 58, 76, 79/Angel Simon 30/
ASchindl 7/bioraven 50, 54, 68/Buk-
havets Mikhail 29, 61, 72/Canicula

66/Chingiz 48–57/Christian Jung
Cover Front, 47/Crepesoles 5/Denis
Barbulat 79/Digiselector 67, 79/Elena
Veselova 58/Gavran333 5/glenda
11/Jane Rix 11/Jon Le-Bon 7/Ku-
richeva Ekaterina 4/Lilyana Vynogra-
dova 8/Ljupco Smokovski 7/Olia Ni-
kolina 6, 11, 13, 14, 15, 22, 24, 28,
30, 32, 34, 35, 40, 41–43, 45–47,
53, 56, 58, 74, 76, 79/Mikhail Baku-
novich 64/Mila Petkova 29/Morphart
Creation 36, 62/Nikiparonak 24, 25,
31, 37, 39, 42, 57, 63, 69/nolonely
30/Red Spruce 40–42, 44, 46, 47,
71, 76, 77/upstudio Vorsatz/sevenke
7/Shawn Hempel 7/Shlapak Liliya 21,
26, 28, 33, 39, 40, 52, 53, 59, 71,
73, 77/Steve Heap 11/sweetok 5/
Vector pro 12–24, 26–30, 33–39,
48–52, 54–59, 61–70, 72–74/
vergasova 24/Volodymyr Krasyuk 5/
Vtls 7

Alle weiteren Fotos von design cat
GmbH.

Saisonkalender

Obst und Beeren

	Jan.	Feb.	März	April	Mai	Juni	Juli	Aug.	Sept.	Okt.	Nov.	Dez.
Äpfel								×	×	×	×	
Aprikosen							×	×				
Birnen								×	×	×		
Brombeeren								×	×			
Eberesche								×	×			
Erdbeeren					×	×						
Hagebutten								×	×	×	×	
Heidelbeeren								×	×			
Himbeeren						×	×	×				
Holunder								×	×			
Johannisbeeren, rot						×	×	×				
Johannisbeeren, schw.							×	×				
Kirschen						×	×	×				
Pfirsiche								×	×			
Pflaumen								×	×	×		
Quitten									×	×	×	
Weintrauben									×	×		
Zwetschgen								×	×	×		